당신은 **햄버거** 하나에 팔렸습니다

이 책에는 필자가 투고한 외부 칼럼(예: L FOOD HOUSE, Magazine SK 등)의 일부를 사전 동의를 구하고 수록했음을 밝힙니다.

페이스북 친구 10명만 지우면 햄버거가 공짜라고?

당신은 햄버거 하나 에 팔렸습니다

김지헌 지음

[소셜미디어 시대의 소비자를 이해하는 다섯 가지 핵심코드]

중앙books

햄버거 하나에 팔린 당신

2009년 글로벌 패스푸드점인 버거킹이 페이스북을 통해 '와퍼의 희생양(Whopper Sacrifice)'이라는 캠페인을 진행했다.

'우정이 강하긴 하지만, 와퍼(버거킹의 대표 메뉴)가 더 강하다'는 슬로건 아래 진행된 이 캠페인은 페이스북 친구 10명을 삭제하는 사람에게 그 대가(?)로 무료 와퍼 쿠폰을 제공하는 것이 핵심내용이었다. 여기에 더해 버거킹은 삭제된 친구들에게 "당신의 친구가 와퍼를 공짜로 먹기 위해 당신을 희생시켰다"는 메시지를 보냈다. 이를 받은 사람들 역시 공짜 와퍼를 위해 또 다른 10명을 희생시켰고, 이것이 반복되면서 열흘 만에 무려 23만 명의 친구가 삭제되는 일이 벌어졌다.

소셜미디어 마케팅의 매력과 중요성을 제대로 보여준 이 캠페인에 대해 혹자는 오프라인의 인간관계와 달리 소셜미디어의 인간관계가 얼마나 가벼운지를 적나라하게 보여줬다고 평하기도 하지만, 마케팅 교수인 필자의 생각과 관점은 조금 다르다. 페이스북에서의 친구 삭제는 쉽게 복원이 가능하다. 이 때문에 해당 캠페인은 진정한 관계의 단절보다는 친구와 함께하는 즐거운 놀이로 인식된 측면이 있다. 또한 공짜 와퍼를 먹기 위해 자신이 희생되었다는 메시지를 받은 사람들도 화를 내기보다 오히려 즐거워하며 또 다른 희생양을 찾아 나서는 모습을 보여 주었다.

따라서 와퍼의 희생양 캠페인은 인간관계의 깊이가 오프라인과 소셜미디어상에서 얼마나 다른지를 보여준 계기가 되었다기보다, 소셜미디어 시대의 인간관계가 갖는 특성을 잘 이해한 마케팅의 파급력을 증명한 사례라 할 수 있다.

골프 대신 페이스북으로 하는 인맥 관리

2017년 8월 기준, 전 세계 인구는 약 75억 명이며, 이 중 소셜미디어를 활발하게 이용하는 사람의 수는 40%인 약 30억 명(모바일 이용: 27억 8,000만 명)이다.[1] 특히 한국의 소셜미디어 이용자는 전체 인구 대비 80%나 되는데, 하루 평균 이용 시간이 약 1시간 11분이라고 한다. 그다지 길지 않은 시간처럼 보이지만, 이것이 평균치라는 점에 유의해야 한다. 만일 3인 가족 가운데 부모의 소셜미디어 이용 시간이 모두 10분 미만이라면, 그들의 자녀는 SNS를 들여다보는 데 약 3시간, 하루의 8분의 1을 보내는 셈이다.

이처럼 소셜미디어가 강력한 소통의 채널로 부상한 이유는 그

것이 소비자들의 삶을 가장 적나라하게 보여주는 미디어이기 때문이다. 물론 과장된 면도 없진 않다. 그럼에도 많은 소비자들이 소셜미디어를 통해 자신의 솔직한 모습을 드러낸다.

심지어 요즘 젊은 세대 사이에서는 '쓸모없는 선물 교환식'이 유행이라고 한다.[2] 몇 해가 지난 달력, 보도블록, 닭 사료 등 상대방에게 전혀 쓸모가 없을 것 같은 제품을 선물하고 이를 받은 사람은 "#쓸모없는선물"과 같은 해시태그를 달아 자신의 소셜미디어에 포스팅한다. 실제로 보도블록 선물에 관한 포스팅은 트위터를 통해 2만 건 이상 공유되었다고 한다.

이런 문화는 구찌(Gucci)와 같이 역사가 깊은 글로벌 기업들마저 변화시켰다. 구찌는 직장 선배가 신입사원을 멘토링 하는 게 아니라 신입사원이 임원들에게 소셜미디어 활용법과 시대의 변화에 대해 조언해주는 리버스 멘토링(reverse mentoring) 제도를 도입했고 이것은 실제로 상당한 성과를 거두고 있다.

소셜미디어가 가져온 변화, 그리고 가져올 변화는 우리를 계속 놀라게 할 것이다. 어떤 이는 태어날 때부터 디지털 기기에 노출된 세대가 성장하면 골프 비즈니스가 몰락할 거라고 말한다. 어째서일까? 골프 비즈니스의 본질은 운동이 아닌 인맥 관리다. 문제는 우리의 새로운 세대가 대면 접촉을 싫어한다는 점이다. 이들은 골프를 하느니 페이스북 친구를 신청하고, 온라인상에서

'좋아요'를 누르며, 필요할 때만 가서 도움을 주는 편이 인간관계에 더 도움이 된다고 생각할지 모른다.

소비자를 움직이는 다섯 가지 핵심코드,
공감 · 공유 · 공명 · 공생 · 공정

이처럼 소셜미디어가 삶 속에 깊숙이 침투한 시대에 기업들이 이것을 제쳐두고 마케팅 전략에 대해 논하는 것은 어불성설이다. 이제 우리는 제대로 된 마케팅 전략을 수립하기 위해서 소셜미디어가 만들어 낸 새로운 소비자의 삶과 가치관에 대해 이해할 필요가 있다.

기업에 강연을 다니다 보면 이따금 어처구니없는 광경을 보게 되는데, 소셜미디어를 담당하는 마케터가 SNS 계정을 만들지 않는 것이다. 설사 만들더라도 제대로 된 활동을 하지 않는 경우도 있다. 단언컨대 소셜미디어가 우리 앞에 가져온 변화를 제대로 이해하려면 마케터는 반드시 그것을 직접 사용해봐야 한다. "키스를 글로 배웠다"는 어느 드라마 주인공의 대사는 결코 남의 일이 아니다.

이 책은 구체적인 소셜미디어의 활용 툴이 아닌, 소셜미디어가 가져온 소비자들의 행동 변화에 대한 이해를 돕고자 쓰였다. 따라서 만약 페이스북, 인스타그램, 트위터 등 주요 소셜미디어를 구체적으로 활용할 수 있는 노하우를 배우고자 이 책을 집어 든다면 실망할 수도 있다.

　그러나 소셜미디어의 외형에 집중하기에 앞서, 그 내면에 깃든 정신을 먼저 파악하는 것을 권하고 싶다. 겉으로 드러난 현상들만 봐서는 소비자의 행동 변화를 이해할 수 없을뿐더러, 그들의 마음을 사로잡을 전략을 수립할 수도 없기 때문이다. 이 책에서는 소셜미디어 시대의 소비자를 움직이는 핵심코드를 총 5개로 정리했다. 공감, 공유, 공명, 공생, 공정. 이 핵심가치들을 하나의 공간에서 점으로 찍고 소셜미디어라는 이름으로 연결했다. 비록 이 책에서는 5개의 점들을 분류해서 하나씩 설명하고 있지만, 이들이 독립적으로 존재한다거나 소셜미디어라는 키워드에만 맞닿아 있다고 오해해서는 안 된다. 그물망처럼 서로 이어진 이 5개의 점들이 하나의 큰 스토리를 엮으며 시대의 변화를 주도해 나가고 있기 때문이다. 그럼 이제부터 소셜미디어 시대의 핵심코드에 대해 하나씩 이야기해보고자 한다.

CONTENTS

CODE 2. 공유 소비자를 마케팅에 참여시켜라

CODE 3. 공명 중요한 건 울림이 있는 메시지다

CODE 4. **공생** 정글 같은 시장에서 더불어 사는 법

CODE 5. 공정 투명함과 공평함, 새로운 성공의 요건이 되다

CODE 1.

공감

머리로 이해하고 가슴으로 다가가다

점점 수록 중요해지는 공감의 비즈니스

이 책에서는 소셜미디어 시대에 중요한 다섯 가지 핵심코드를 다루고 있지만, 가장 중요한 것 하나만을 꼽으라면 감히 '공감(empathy)'이라 말하고 싶다. 이는 나머지 4개의 코드가 소비자에게 의미 있게 다가서기 위한 선행 요건이자, 모든 주제들의 출발점이 되기 때문이다.

신체적인 면에서 다른 동물보다 약점이 많은 인간이 크게 번성할 수 있었던 것은 뛰어난 공감능력 덕분이라고 한다.[1] 미래학자인 제러미 리프킨(Jeremy Rifkin)은 이러한 공감능력을 가진 인간을 '호모엠파티쿠스(Homo Empathicus)'라 칭했다. 사이코패스

감 | | | |

와 같이 반사회적 인격 장애를 가진 사람들은 공감능력이 매우 떨어진다. 이는 정상적인 사회생활을 위해서 공감이 반드시 필요하다는 뜻이다. 사람은 자신에게 공감을 잘 해주는 상대에게 매력을 느끼고, 누군가와 공감할 수 있을 때 행복감을 느낀다.

공감은 진부하다?

어쩌면 이 책을 읽고 있는 독자들 중에는 "또 공감 이야기야?", "디지털 시대에 너무 진부한 이야기 아니야?"라고 반응할지도 모르겠다. 하지만 아이러니하게도 디지털 기술의 발전은 공감의 중요성을 오히려 부각시키고 있다.

최근 10년 동안 우리 삶 구석구석에 침투한 디지털 기술은 인간의 오감을 무디게 만들어 공감 커뮤니케이션에 필요한 상황 감지 능력을 감소시켰고, 이에 따라 우리 사회에 이기주의와 폭력성이 심각하게 증가했다는 연구 결과들이 보고되었다. 그 덕분에 교육용 시장을 장악했던 아이패드와 같은 태블릿 PC는 어느덧 천덕꾸러기 신세가 되었다. 반면 캐나다의 한 스타트업이 개발한 아날로그 방식의 '공감 장난감(empathy toy)'은 출시 6개월 만에 35개국 800개 학교에 도입되고, 이제는 전 세계 47개국 1,500여곳의 학교에서 사용되는 엄청난 인기를 끌고 있다.[2] 공감 장난감 박스에는 똑같은 5개의 블록(화살표 3개, 벌집 2개) 두 세트와 안대 2개가 들어 있다. 게임 방식은 두 사람이 안대를 쓴 후 한 사람이 조립한 블록의 모양을 구두로 설명하면, 상대방이 똑같은 모양으로 만드는 것이다.[3] 마지막에 안대를 벗고 완성된 블록을 본 두 사람은 함께 환호하기도 하고 어이없는 웃음을 짓기도 한다. 게임 참가자들이 빠른 시간에 블록을 완성하기 위해서는 철저히 상대방의 관점에서 이해하고 설명해야 한다. 바로 이 교훈이야말로 공감 장난감의 가치다. 원래 이 장난감은 시각장애인들과 소통하

▲상대방의 입장을 헤아려야 하는 공감 장난감(출처: Twenty One Toys)

감 | | | |

는 법을 배우게 하려는 아이디어에서 출발했으나, 현재는 공감능력이 강조되는 다양한 분야(예: 경영대학원의 리더십 교육, 초등학교 역사 교육, 기업의 워크숍)에서 효과적인 교육 도구로 활용되고 있다. 이처럼 디지털 시대의 공감 이야기는 시대에 뒤처진 발상이 아니라, 어쩌면 이 시대에 가장 중요하면서도 당연한 대화의 출발점으로 보는 것이 맞는 듯하다.

그런데, 사실 공감이라는 용어는 추상적인 개념인 탓에 사용 맥락과 관점에 따라 다양한 의미로 해석된다. 공감은 크게 머리로 생각하는 인지적 요소(cognitive component)와 가슴으로 느끼는 감정적 요소(affective component)로 나눠볼 수 있다.[4] 표준국어대사전에서는 공감을 "남의 감정, 의견, 주장 따위에 대하여 자기도 그렇다고 느낌"으로 정의한다. 이는 공감의 감정적 요소에 초점을 둔 해석으로, 타인과 같은 감정을 느끼는 동정(sympathy)에 가까운 개념이라 할 수 있다. 하지만 마케팅 학자들은 공감의 인지적 요소에 더 주목한다. 즉, 공감의 핵심은 소비자가 느끼는 감정과 행동의 이유를 머리로 이해하고, 자신이 충분히 이해했음을 상대에게 전달하는 것이다. 이는 공감이 감지(sensing)와 소통(communication)으로 완성될 수 있음을 의미한다.

여기에 여러분의 공감능력을 테스트해 볼 수 있는 간단한 질문이 하나 있다. 당신이 최근 빈번한 야근으로 애인을 자주 만나지 못했다고 가정하자. 한 달 만에 만난 애인이 "자기야, 나와 일 중에 어떤 것이 더 중요해?"라고 묻는다면 당신은 어떻게 대답하겠는가? 갑자기 훅 들어왔다. 무척 당황스러운 순간이다. 일단 침착해져야 한다. 대답 한마디가 미래의 배우자를 바꿔 놓을지도 모른다. 필자가 기업에 강연을 나가면 남성 청강자들에게 자주 물어보는 질문인데, 대부분 "물론 당신이지"라고 대답한다. 그럼 여성 청강자에게 물어본다. "이 대답 어때요?" 고개를 절레절레 흔드는 표정이 좋지 않다. 좀 더 논리적(?)인 대답을 하고 싶은 남성들 중에는 "널 위해 열심히 일하고 돈 버는 거야"라고 대답하는 사람들도 있다. 직관적으로 생각해봐도 위기(?)를 극복하는 데 전혀 도움이 되지 않을 것 같다. 남성들의 대답은 화가 난 애인을 달래는 데 큰 효과가 없다는 이야기다.

그럼 어떤 대답이 좋을까? 먼저 애인을 뒤에서 살며시 안아주는 '백허그'가 필요하다. 그다음 애인의 귓가에 "자기가 그런 질문을 하게 해서 미안해"라고 말하는 것이다. 어떤가? 화가 난 애인의 마음을 녹이는 데 더 좋은 답이라고 생각되는가? 우리는 애인이 왜 이런 질문을 하는지를 머리로 이해하면(감지), 이 질문이 일과 애인 중 하나를 선택하는 선택형 질문이 아니라는 사실을 깨달을 수 있다. 다음으로는 내가 애인의 말과 행동의 이유를 충분히 이해했음을 말과 행동으로 보여주는 것이다(소통). 때로는 백 마디의 말보다 백허그와 같이 비구두적 표현이 더 효과적일 수도 있다.

꽃미남이 닦아주는 눈물의 값은?

최근 일본에서 '이케메소(イケメソ)'라는 매우 흥미로운 공감 비즈니스가 유행하고 있다.[5] 이케메소는 잘생긴 남자를 의미하는 '이케맨(イケメン)'과 우는 소리인 '메소메소(メソメソ)'를 합성한 말이다. 스트레스가 심하거나 마음의 상처를 받은 여성이 이 서비스를 신청하면, 공인 눈물치료사 자격증을 가진 미남이 방문하여 슬픈 음악을 같이 듣거나 동영상을 함께 보며 여성이 눈물을 흘릴 수 있도록 도와준다. 그러다 여성이 눈물을 흘리면 아무 말 없이 다가가 상대를 이해한다는 표정을 지으며 손수건으로 눈물을 닦아준다.

2013년 창업한 이 서비스는 1회 출장비가 7,900엔(약 8만 4,000

||||공

ABOUT

▲이케메소의 홈페이지 화면(출처: イケメソ宅泣便)

원)으로 비교적 고액임에도 불구하고 현재 일본에서 상당한 인기를 얻고 있다고 한다. 만약 여러분 중 눈물 한 번 흘리려고 8만 원 넘는 돈을 쓰는 그녀들을 이해할 수 없다고 생각하는 사람이 있다면, 어쩌면 아직 공감능력이 많이 부족한 것일지도 모른다.

일본에서 직장인 405명을 대상으로 진행한 설문조사 결과에 따르면, 응답자의 약 25%가 적어도 한 번은 화장실에서 소리 내어 울어본 경험이 있는 것으로 나타났다. 그렇다면 나머지 75%는 스트레스와 상처로부터 자유로운, 행복한 직장 생활을 하고 있을까? 오히려 울고 싶은 감정을 제대로 표출하지 못해 우울증 등 더 심한 정신적 고통에 시달리고 있는지도 모른다. 연구 결과에 따르면 눈물 등을 통해 슬픈 감정을 표출한 후에는 행복 호르

몸인 옥시토신이 분비되어 정신적으로 더 안정되고 건강한 삶을 살 수 있다고 한다. 자살의 충동마저 느끼는 극심한 스트레스를 경험할 때 나와 공감해 줄 수 있는 누군가에게 지불하는 8만 원 남짓한 금액은 그리 큰돈이 아닐지도 모른다.

성공을 이끄는 공감의 비즈니스

비록 그동안 여러 문헌들이 비즈니스의 성공을 위해서는 공감이 중요하다고 주장해왔지만, 공감이 기업 성과에 미치는 효과에 대한 객관적 자료들을 제시하지는 못했다. 그러던 중 2016년 12월, 파마(Parmar) 교수가 170개 글로벌 주요 기업들을 대상으로 공감지수를 측정하고 공감능력과 기업 성과 간의 관계를 분석한 연구 결과를 발표함으로써 공감의 중요성을 객관화했다.[6] 공감지수는 기업 내부 문화, 소셜미디어를 활용한 고객 커뮤니케이션, 기업윤리 등에 공감적 요소가 얼마나 녹아 있는지로 측정했다.

기업별 순위는 1위 페이스북, 2위 구글, 3위 링크드인, 4위 넷플릭스 순으로 소위 잘나가는 IT기업들이 상위권을 차지하고 있었다. 더 놀라운 것은 2015년을 기준으로 할 때 공감지수 상위 10개 업체가 하위 10개 업체보다 1년 동안 기업 가치가 2배 이상

||| 공

증가했고, 공감능력과 기업 성과 간의 상관관계가 무려 80%나 되는 것으로 나타났다는 점이다. 이는 기업 성과 개선을 위해 공감을 비즈니스에 적극적으로 도입할 필요가 있다는 사실을 여실히 보여준다.

실패 사례:
플레이펌프

그렇다면 우리는 어떻게 공감을 비즈니스에 담아낼 수 있을까? 마케터가 소비자와 공감하기 위한 노력도 중요하지만, 어쩌면 소비자가 기업의 비즈니스(또는 브랜드)에 공감할 수 있게 도와주는 것이 더 중요할지도 모른다. 즉, 브랜드의 존재 이유를 소비자들이 머리로 이해할 수 있게 도와주는 것이 필요하다. 소비자들이 브랜드의 존재 이유(why)에 대해 깊게 공감하게 되면, 브랜드가 목적 달성을 위해 노력하는 방식(how)과 그로 인해 도출된 결과물(what)이 다소 부족하더라도 관대해질 수 있다. 따라서 why에 초점을 둔 공감 커뮤니케이션은 매우 중요하

다. 이를 잘 보여주는 사례가 플레이펌프(playpump)다.[7]

시작은 창대했으나

1989년 남아프리카공화국에서 우물 사업을 하던 로니(Ronnie)는 뺑뺑이를 타고 노는 아이들을 목격하고 기발한 아이디어를 낸다. 아이들이 놀면서 생성하는 운동에너지를 이용해서 지하수를 끌어올리고, 이를 물탱크에 저장해서 마을 사람들의 식수로 쓰는 것이었다. 여기에 광고회사 임원 트레버(Trevor Field)가 물탱크에 광고물을 부착한다는 아이디어를 냈다. 광고 수입이 발생하면 설비 유지비도 쉽게 충당할 수 있을 것으로 보였기 때문이다.

"목마름에 고통 받는 아프리카 주민들에게 웃음과 물을 동시에 주자"라는 사업의 목적(why)은 수많은 자선단체, 투자자들의 이목을 집중시키기에 충분했다. 언론에서는 플레이펌프를 "마법의 뺑뺑이(The Magic Roundabout)"라 극찬했고, 때마침 어느 초등학교를 방문한 남아프리카공화국의 만델라 대통령이 플레이펌프를 돌리는 장면이 TV를 통해 방영되면서 전 세계의 관심과 지지가 쏠리게 되었다. 급기야 2010년까지 4,000대 설치를 목표로 6,000만 달러를 모금하는 캠페인이 진행되었고, 당시 미국 대

▲플레이펌프를 후원하는 상품 광고(출처: 플리커)[8]

통령이던 조지 부시의 영부인 로라 부시도 1,640만 달러(약 185억 원)를 기부했다. 그 결과 2009년 아프리카 지역에 약 1,800여 대의 플레이펌프가 설치되었다. 이 창의적이고 아름다운 아이디어가 정말 아프리카 주민들에게 웃음과 물을 동시에 줄 수 있었을까?

끝은 참혹했다

안타깝게도 얼마 지나지 않아 대부분의 플레이펌프는 작동이 중단되거나 철거되었다. 그 이유는 크게 세 가지로 나눠볼 수 있다.

먼저 2009년 영국의 주간지 〈가디언(Guardian)〉에 플레이펌프가 아이들의 강제 노역장이 되고 있다는 기사가 실렸다. 1인당 하루 권장 물 소비량이 15L라고 가정할 때 마을 주민 2,500명에게 필요한 물을 얻기 위해서는 아이들이 27시간 동안 쉬지 않고 플레이펌프를 돌려야 했다. 학교도 못 가고 잠도 못 잔 채 말이다. 더 이상 아이들에게 뺑뺑이는 놀이기구가 아니었다. 결국 성인 여성들이 플레이펌프를 돌리는 책임을 떠맡아야 했다.

이어서 물탱크에 부착하는 광고물로 유지보수 비용을 충당하려던 계획도 무산되었다. 식수 공급마저 어려운 지역의 주민들은 제품을 구매할 정도의 구매력을 갖추지 못했기 때문이다. 따라서 약 80% 정도의 플레이펌프가 실제로 광고주를 구할 수 없었다.

마지막으로 플레이펌프는 기존 수동 펌프에 비해 가격은 4배나 비쌌지만 단위 시간당 퍼 올릴 수 있는 물의 양은 20%에 불과했다. 지금 생각해보면 이런 문제들은 거액의 후원과 투자를 하기 전에 한 번쯤 충분히 고려하고 점검해 볼 수 있는 것들이다. 하지만 why에 공감한 사람들은 이를 실현하기 위한 방법과 결과(how and what)에 대해서는 눈이 멀어 있었다. "새벽 5시에 일하러 나가서 6시간 동안 일하고 돌아옵니다. 그리고 나서 플레이펌프를 돌려야 하죠. 돌리다 보면 팔이 빠질 것 같아요" 플레이펌프에 절망한 아프리카 여성의 이 말이 참담한 결과를 말해준다.

성공사례:
중력담요

플레이펌프의 사례는 why를 중심으로 하는 공감 커뮤니케이션이 얼마나 강력한지를 잘 보여준다. 몇 해 전 사이먼 사이넥(Simon Sinek)은 골든 서클(Golden Circle) 모형을 통해 존재의 이유를 밝히는 why 중심의 커뮤니케이션을 강조한 바 있다. 골든 서클은 양파 모양의 원 3개로 구성되며 가장 안쪽 원에는 why, 다음 원에는 how, 가장 바깥 원에는 what이 있다. 핵심은 'why(존재의 이유)-how(why를 실현하기 위한 방법)-what(how의 결과)' 순으로 커뮤니케이션 할 경우 소비자를 설득하고 원하는 행동으로 유도할 수 있다는 것이다.

무거워서 좋은 담요?

　이해를 돕기 위해 '중력담요(gravity blanket)' 사례를 살펴보도록 하자.[9] 여러분이 생각하는 좋은 담요의 기준은 무엇인가? 일반적으로 가볍고 따뜻한 담요가 좋다고 생각할 것이다. 덕분에 오리털, 거위털, 알파카 등이 들어간 담요들이 추운 겨울철 고가임에도 인기가 높다.

　그런데 흥미롭게도 최근 중력의 무게를 느낄 수 있는 꽤나 무거운 담요(최소 6.8kg)가 주목받고 있다. 이 담요는 크라우드 펀딩 사이트인 킥스타터(Kick Starter)에서 470만 달러(약 53억 원)를 모금하는 데 성공했다. 담요 1장 가격이 279달러(약 31만 원)나 되는데도 너도나도 먼저 사겠다고 줄을 선 것이다. 이 담요는 무게에 따라 세 종류(6.8kg, 9kg, 11.3kg)로 구성되며, 자신의 몸무게의 10%에 가까운 제품을 선택하면 된다(예: 몸무게가 70kg이면 6.8kg 담요). 무게가 제법 나가지만 솜 대신 플라스틱 알갱이를 넣은 덕분에 공기가 비교적 잘 통해 더운 여름에도 답답하지 않고 오히려 쾌적함을 느낄 수 있다.

　자, 여러분이라면 이 담요를 사고 싶은가? 아마도 31만 원을 투자할 만큼 매력적이지는 않다고 생각할 것이다. 하지만 중력담요가 제시하는 why를 들으면 이야기는 달라질지 모른다.

무거워서 좋은 이유

중력담요의 제작자는 담요가 무거운 이유에 대해 "누군가를 꼭 껴안을 때 느끼는 압력이 몸무게의 10% 정도이고 이 담요는 이러한 포옹의 압력을 구현하기 위해서 무겁게 만들었다"고 설명한다. 특히 엄마가 아이를 안고 토닥거리며 재우는 느낌을 전달하고 싶었다고 한다.

중력담요는 제품의 특성과 제조 방법(how와 what)이 아닌 포옹이 좋은 이유(why)를 연구 결과로 밝혀진 과학적 증거를 언급하며 강조한다. 즉, 포옹은 심장에 휴식을 주고, 면역력을 높이며, 행복 호르몬인 옥시토신의 분비를 촉진하고, 숙면을 돕는다고 말함으로써 중력담요의 존재 이유를 강조한다. 이를 골든서클로 정리하면 다음의 그림과 같다.

이제 중력담요를 사고 싶다는 마음이 더 느껴지지 않는가? 아니면, 적어도 해당 사례를 찾아서 소셜미디어에 공유하고 싶지는 않은가? 이것이 바로 why 중심의 공감 커뮤니케이션의 힘이다. 덧붙여 심리학자들이 주장하는 해석수준이론(construal level theory)에 따르면 제품의 소비 시점이 가까운 경우보다 먼 경우에 제품 가격과 같은 구체적인 정보보다는 제품의 존재 이유와 같은 추상적인 정보가 구매 의사결정에 더 큰 영향을 미칠 수 있다.[10]

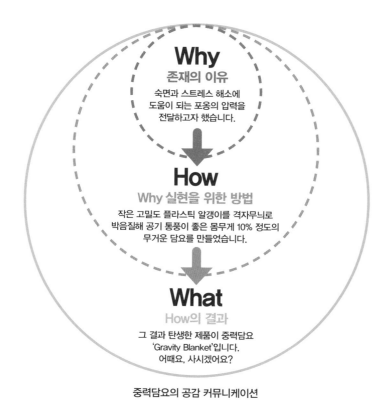

Why
존재의 이유
숙면과 스트레스 해소에
도움이 되는 포옹의 압력을
전달하고자 했습니다.

How
Why 실현을 위한 방법
작은 고밀도 플라스틱 알갱이를 격자무늬로
박음질해 공기 통풍이 좋은 몸무게 10% 정도의
무거운 담요를 만들었습니다.

What
How의 결과
그 결과 탄생한 제품이 중력담요
'Gravity Blanket'입니다.
어때요, 사시겠어요?

중력담요의 공감 커뮤니케이션

이는 중력담요의 판매방법인 크라우드 펀딩의 특성과 공감 커뮤니케이션이 맞물려 더 큰 설득 효과를 얻은 것으로 추론할 수 있다.

고민하는
로우로우

여러분들은 이제 why 중심의 커뮤니케이션이 왜 중요한지를 이해했을 것이다. 하지만, 누군가는 이런 의심을 할지도 모른다. 공감 커뮤니케이션은 중력담요처럼 독특한 콘셉트를 가진 브랜드의 경우에만 효과가 있는 게 아닐까? 결론부터 말하자면, 그렇지 않다.

지금부터는 아주 평범한 제품에도 공감 커뮤니케이션이 효과적이라는 것을 보여주는 사례를 하나 소개하고자 한다. 바로 국내 패션잡화 스타트업인 '로우로우(RawRow)'가 출시한 운동화 브랜드 '알슈(R Shoe)'다.

▶로우로우에서 출시된 알슈(R Shoe) (출처: 로우로우)

로우로우의 철학

　로우로우는 앞으로 다른 핵심코드에 관한 이야기를 하면서도 몇 차례 더 사례로 등장할 예정이므로 기업에 대한 간단한 소개를 먼저 할까 한다.[11] 본질을 의미하는 'Raw'라는 단어가 브랜드네임에 포함된 것에서 짐작할 수 있듯이, 로우로우는 미니멀리즘의 디자인을 추구하는 기업이다. 미니멀리즘의 디자인 철학은 독일의 전자제품 기업인 '브라운(BRAUN)'의 디자이너, 디터 람스(Dieter Rams)가 말한 "적게, 그러나 좋게(Less but Better)"라는 표현으로 요약할 수 있다. 최소한의 것으로 더 나은 가치를 제공한다는 것이다. 로우로우의 디자인 철학에 대해 묻는 질문에 이의현 대표는 다음과 같이 대답했다.

　"저희가 추구하는 미니멀리즘의 핵심은 'original', 'natural',

'honest' 입니다. 최초의 무엇들, 즉 지게, 광주리, 보따리 등에는 담는 것의 본성이 있고 그걸 처음 만든 사람의 태도와 관점에는 굉장한 힘이 있다고 믿습니다. 무엇을 보태는 것이 정직하지 않다, 자연스럽지 않다, 원형이 아닐 것이라 정의하고 이러한 관점에서 브랜드를 만들고 있습니다."

이렇듯 제품의 원형을 강조하는 로우로우의 디자인 철학은 그 자체로 소비자의 공감을 유도하는 why가 될 수 있다. 하지만 로우로우는 제품을 출시할 때마다 그 나름의 새로운 why를 만들고 이를 공감 커뮤니케이션에 적극적으로 활용하고 있다. 가령 운동화 브랜드인 알슈는 '나막신'을 제품의 원형으로 보고 그 본질을 연구하여 개발한 매우 가볍고 편한 운동화다. 하지만 그림에서 보이는 바와 같이 로우로우는 이러한 장점을 이야기하는 how 중심의 커뮤니케이션 대신 왜 이 제품을 개발했는지를 강조하는 why 중심의 커뮤니케이션을 하고자 했다. 이를 위해 로우로우는 일명 '오래 서 있는 사람들을 위한 프로젝트(Standing People Project)'를 진행한 후, 이를 적극적으로 커뮤니케이션에 반영했다.

로우로우는 운동화 브랜드들이 일반적으로 강조하는, '가볍고 편안하다'는 다소 평범해 보이는 장점을 특별한 공감의 콘텐츠로 만들었다. 덕분에 소비자들은 로우로우를 착한 브랜드라 칭하고, "돈 많이 벌고 회사가 커져도 초심은 변하지 않고 한결같기를 바란다"는 메시지로 화답한다.[12] 또한 로우로우는 페이스북과 인스타그램을 제외하면 특별한 광고와 홍보를 하지 않음에도 불구하고 why에 공감하는 국내외의 여러 바이어들로부터 입점 요청을 받는다고 한다. 이처럼 공감 커뮤니케이션을 위해서 반드시

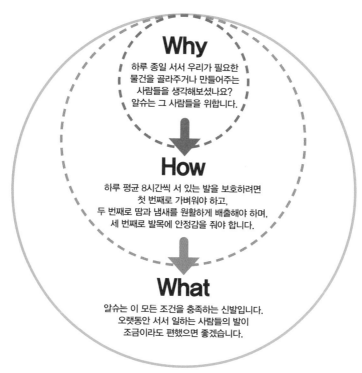

'오래 서 있는 사람들을 위한 프로젝트'에 나타난 로우로우의 골든 서클

독특한 브랜드 콘셉트가 있어야 하는 것은 아니다. 물론 있으면 더 좋겠지만 필수조건은 아니라는 이야기다.

힘을 얻는
why

공감 커뮤니케이션에 있어, 때로는 why의 구체적인 내용보다 why가 있는지 없는지, 즉 why의 존재 여부 그 자체가 중요한 경우도 있다. 이와 관련된 매우 흥미로운 사회 심리학 분야의 연구[13]가 있어 소개하고자 한다.

이상한 이유로 양보 받기

1978년 뉴욕에 위치한 대학의 어느 도서관에서 120명의 성인들을 세 집단으로 나눈 후 다음과 같은 실험을 진행했다.

여기 도서관 복사기를 이용하기 위해 줄을 서서 기다리는 사람이 있다. 그의 차례가 되어 복사를 하려는 순간, 누군가가 앞을 가로막는다. 그러고는 자신이 복사를 먼저 할 수 있도록 해 달라고 부탁한다. 그런데 이때 끼어든 사람이 양보를 부탁하면서 하는 말은 사전에 분류된 집단에 따라 미묘하게 다르다. 그 내용은 다음과 같다.

〈집단 1〉 실례합니다만, 제가 먼저 5장(또는 20장) 복사를 해도 될까요?

〈집단 2〉 실례합니다만, 제가 먼저 5장(또는 20장) 복사를 해도 될까요? 왜냐하면 저는 복사를 해야 하거든요.

〈집단 3〉 실례합니다만, 제가 먼저 5장(또는 20장) 복사를 해도 될까요? 왜냐하면 제가 좀 급해서요.

실험자는 이를 통해 요청 내용에 따라 승낙 정도에 차이가 있는지를 분석해 보았다. 집단 1은 복사기의 양보를 요청하지만 어떤 이유도 제시하지 않았다. 반면 집단 2와 집단 3은 양보를 요청하는 이유가 있었다. 그런데 집단 3의 이유는 타당해 보이는 반면, 집단 2의 이유는 의미가 전혀 없는 가짜 이유(placebic

부탁의 크기	부탁 이유		
	없음	가짜 이유	타당한 이유
작은 부탁(5장)	60%	93%	94%
큰 부탁(20장)	24%	24%	42%

▲복사기 양보 실험 결과

information)[14]다. 또한 복사해야 하는 페이지 수를 5장과 20장으로 나누어 작은 부탁과 큰 부탁을 받았을 시에 사람들의 반응이 어떻게 달라지는지도 확인해 보았다.

결과는 어땠을까? 이를 정리한 표에서 볼 수 있듯이, 20장을 먼저 복사할 수 있게 해달라는 큰 부탁을 하는 경우에는 급한 일이 있다는 의미 있는 이유를 이야기할 때(42%)가 아무런 이유를 말하지 않을 때(24%)나 의미 없는 이유를 이야기할 때(24%)보다 더 많은 승낙을 얻어냈다. 이는 우리가 생각할 때 상식적인 결과다.

하지만 흥미로운 것은 따로 있다. 5장을 먼저 복사하겠다는 작은 부탁을 할 때의 결과다. 큰 부탁을 할 때와 달리, 의미 없는 이유를 이야기하는 경우(93%)에도 아무런 이유를 대지 않을 때(60%)보다 승낙을 얻는 비율이 확연하게 높았다. 심지어 의미 있는 이유를 이야기할 때(94%)와의 차이조차 통계적으로 무의미할 정도로 작았다. 이는 사소한 부탁을 하는 경우에는 이유의 내용보다 이유의 존재 그 자체가 중요할 수 있음을 의미한다. 즉, 소비자의 마음에 큰 울림을 만들 수 있는 멋진 why의 메시지를 만들려는 노력보다도, why의 존재 자체가 중요할 수 있다는 이야기다.

대머리라서 **할인이라고요?**

일본에 약 20개의 체인점을 가진 테토라(テトラ) 호텔은 그다지 납득이 가지 않은 이유를 내세우며 특정한 손님에게만 가격 할인을 해줬음에도 소비자의 큰 공감을 얻고 있다고 한다.[15]

2014년 이 호텔의 회장인 미우라 고지는 우연히 객실 청소 직원이 '하수구에 낀 머리카락을 제거하는 일이 매우 힘들다'고 하소연하는 것을 듣게 된다. 그 자신도 대머리였던 고지 회장은 이를 계기로 '탈모인들은 상대적으로 객실 청소가 쉽다'는 이유를 들어 머리가 벗겨진 손님에 한해 500엔(약 5,500원)을 할인해주는 이벤트를 하기로 결정했다. 완전한 대머리가 아니더라도 머리숱이 없거나 의도적으로 삭발을 한 경우(예: 스님) 역시 할인을 받을 수 있었다고 한다. 모발 상태에 따라 300~500엔으로 할인 폭이 달라졌는데 이는 프런트 직원이 판단했다.

테토라 호텔 직원의 증언에 따르면, 최근 세 명의 손님이 방문해 그중 두 명은 할인을 받고 한 명은 할인을 받지 못한 일이 있었다고 한다. 신기한 것은 할인을 못 받은 손님이 더 행복해했다는 것이다. 사실 테토라 호텔은 대머리인 고지 회장의 모습을 구현한 큰 마스코트 인형을 호텔 로비에 배치해두고 있다. 따라서 탈모인 할인 서비스는 소비자의 기억 속에 브랜드를 상기시키는 데 매우 효과적인 프로모션이라 할 수 있다.

하지만 탈모인들이 사용한 객실을 청소하는 것이 쉽다는 이유로 할인을 해주는 것은 쉽게 납득이 되지 않는다. 대머리가 아닌 탈모인의 경우 오히려 머리가 더 많이 빠지는 것은 아닐지? 그렇다면 같은 논리로 오히려 머리카락의 수가 아닌 머리카락의 길이에 따른 할인을 적용하는 것이 더 타당해 보이기도 한다. 어쨌든 why가 있는 공감 커뮤니케이션은 why 그 자체의 내용과는 큰 관

▲테토라 호텔의 대머리 할인 광고(출처: ホテルテトラ)

계없이 사람들 입에 쉽게 오르내리고 기억 속에 브랜드를 강하게 각인시킬 수 있다.

눈높이 캠페인

소비자가 공감할 수 있는 브랜드 커뮤니케이션을 기획하는 것만큼이나 마케터에게 중요한 것은 브랜드가 언제나 소비자들의 마음을 이해하고 '눈높이'를 맞추기 위해 노력하고 있다는 것을 어필하는 것이다. 한 교육업체가 브랜드네임으로도 활용하고 있는 바로 이 '눈높이'라는 단어만큼 공감의 노력 자세를 잘 보여주는 말이 있을까 싶다.

2013년 스페인의 아동보호단체인 아날 재단(Anar Foundation)이 아동학대 방지를 위해 집행한 옥외광고 캠페인은 '눈높이를 맞추다'는 말의 의미를 잘 보여준다.[16] 아동학대 문제를 해결하기 위해서는 성인과 아동 모두의 노력이 필요하다. 따라서 아날 재단은 렌티큘러 프린팅(lenticular printing, 보는 각도에 따라 다른 이미지를 노출하는 3D 프린팅 기술) 방법으로 두 집단의 눈높이에 따라 다른 메시지를 전달하는 옥외광고물을 만들었다. 이 광고물은 성인의 눈높이에서 보면 "때로는 아동학대가 고통 받는 아이들에게만 보일 수 있습니다"라는 메시지가 보이도록 해 성인들로 하여금 자기도 모르게 아동학대를 범하고 있지는 않은지 생각하도록 만든다. 반면, 10세 미만의 아동의 눈높이에서는 "누군가 너를 힘들게 한다면, 우리에게 전화해. 그럼 도와줄게"라는 메시지가 보이도록 해 아동들에게 말 못하는 고통을 혼자 감내하지 말고 도움을 청하라는 메시지를 전달한다. 2013년 3월에 처음 유튜브에 올라온 이 영상은 2017년 12월 현재 무려 990만 건 이상의 조회수를 기록했다.

표현이
만드는
감동

소비자가 브랜드의 공감 노력을 느끼게 하는 데에는 커뮤니케이션의 내용만큼이나 그 방법이 중요할 수 있다. 예를 들면, 꾹꾹 눌러쓴 손편지의 정성은 공감을 전달하는 데 100마디 말보다 더 효과적일 수 있다.

7만 달러짜리 손편지

2015년 7월, 미국 뉴저지에서 발생한 화재를 12시간 만에 간

신히 진압한 두 소방관이 새벽 6시 한 레스토랑을 찾았다.[17] 이때 서빙을 하던 종업원 엘리자베스(Elizabath)는 피로에 지친 두 소방관이 서로 예민해져 말다툼을 하는 것을 듣게 되었다. 식사를 마친 소방관들이 계산서를 요청하자, 엘리자베스는 계산서와 함께 "두 분의 아침을 제가 대접하고 싶네요. 모든 사람들이 도망치는 곳으로 들어가서 사람들을 도와주는 여러분께 정말 감사 드려요. 당신들의 역할이 무엇이든, 정말 용기 있고 강한 분들입니다"라고 적힌 손편지를 전달했다. 두 소방관은 크게 감동했고 소셜미디어를 통해 그녀의 선행을 알렸다.

이후 두 소방관은 엘리자베스가 사지가 마비된 아버지를 위해 장애인용 차량을 구입하려고 돈을 모은다는 사실을 알고, 모금 운동을 진행해 3주 만에 8,300만 원을 모을 수 있었다고 한다. 이러한 손편지의 놀라운 효과 덕분에 요즘 배달음식을 시키면 감사 인사와 남은 음식 활용법 등을 소개하는 주인의 손 메모를 심심치 않게 발견할 수 있다.

말없이 포스트잇

때로는 아무런 글자도 없는 포스트잇 한 장을 붙이는 것만으로도 다른 결과를 만들어 낼 수 있다. 사회학자인 랜디 가너(Randy Garner)가 진행한 실험 연구 결과가 이를 잘 보여준다.[18]

그는 실험 참가자들을 세 집단으로 나눈 다음 각 집단에 서로 다른 방법으로 설문에 참여하기를 요청한 뒤 실제 참여율에 차이가 있는지 확인했다. 집단 1에는 표지에 포스트잇으로 설문 참여를 부탁하는 글을 적어 붙인 설문지를, 집단 2에는 아무것도 적지 않은 포스트잇을 붙인 설문지를, 집단 3에는 포스트잇도 붙이지 않은 설문지를 각각 나눠주었다. 그 결과 예상대로 부탁을 적은 포스트잇을 붙인 집단 1의 참여율이 69%로 가장 높았다.

놀라운 것은 내용이 없는 포스트잇을 붙인 집단 2의 참여율(43%)이 포스트잇을 붙이지 않은 집단 3의 참여율(34%)보다 높았다는 점이다. 이는 내용이 전혀 없더라도 포스트잇을 안 붙이는 것보다는 붙이는 것의 설득 효과가 더 높다는 것을 보여준다. 왜 이런 결과가 나타났을까? 가너는 사람들이 메시지의 내용도 중요시하지만 전달할 때 얼마나 많은 노력을 들이는지도 눈여겨보기 때문이라고 설명한다.

즉, 별거 아닌 것처럼 보이지만 조금이라도 더 노력한 사람에게 더 많은 것을 돌려주려는 상호성(reciprocation)의 원칙이 적용된다는 것이다.

디테일이 불러오는 차이

　포스트잇 한 장을 붙이는 것과 같은 작은 디테일이 전달하는 공감가치의 힘은 생각보다 크다. 특히 이러한 디테일이 소비자가 오랫동안 느껴온 불편한 점, 즉 통점(pain point)을 해결해 주는 것일 때 고객은 자신에게 공감해준 기업에 깊은 감명을 받는다.

　얼마 전 필자는 4박 5일 대만 여행을 다녀왔다. 3박은 5성급 호텔에서 숙박하고 마지막 날 하루는 교통이 편리하다는 이유 때문에 4성급 호텔인 '웨스트게이트(WESTGATE)'란 곳에서 머물게 되었다. 그런데 5성급 호텔에서도 경험하지 못했던 이 호텔의 작은 배려는 필자에게 큰 감명을 주었다.

　사실 일행과 함께 호텔방에서 투숙할 경우, 필자가 늘 느끼는 불편한 점 두 가지가 있었다. 우선 호텔에서 제공하는 일회용 슬리퍼가 동행인의 슬리퍼와 구분이 잘 안 되어 외출하고 돌아오면 늘 헷갈린다는 점이다. 필자는 과거 무좀이 매우 심한 지인과 같은 방을 쓴 적이 있었는데, 슬리퍼 구분이 안 되어서 결국 외출하고 돌아온 후에는 방 안에서 구두를 신고 다녀야 했다. 또 다른 불편한 점은 칫솔의 구분이 잘 되지 않는다는 점이다. 저녁에 양치를 하고 취침한 후, 다음 날 아침 조식을 먹고 양치를 하려고 보면 어떤 것이 내 칫솔인지 알기 힘들다. 기억력의 문제일 수도 있

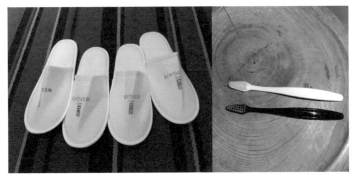
▲웨스트게이트 호텔의 세심한 배려

겠지만 나쁜 기억력도 미리 예상하고 작은 도움을 주려는 공감의
자세를 가진 호텔이 있다면 감동적이지 않을까?

　필자가 직접 찍은 사진을 보면 웨스트게이트가 얼마나 세심한
배려를 했는지 알 수 있다. 슬리퍼와 칫솔의 색상을 구분해 둔 것
이다. 필자는 처음으로 호텔 예약 앱에 웨스트게이트에 대한 후
기를 남겼고, 강연을 할 때마다 해당 사례를 소개했으며, 다음에
도 대만을 방문하면 반드시 이곳에서 다시 투숙하리라 결심했다.
이처럼 공감의 노력은 아주 사소한 디테일에서 출발할 수 있다.
고객의 입장에서 한 번 더 생각해보려는 노력, 그것이 큰 변화를
만들어낸다.

왜왜은
새내기의
말에
귀 기울여야 할까?

        이제 비즈니스 모델에 공감을 담아내는 것, 그리고 소비자에게 공감하고 있음을 전달하는 것이 브랜드의 이미지를 만드는 데 매우 중요한 일이라는 주장에 다들 동의할 수 있을 것이다. 대다수의 사람들은 공감이 상대방의 입장에서 생각하려는 노력에서 출발해야 한다고 믿는다. 따라서 기업의 마케터들은 마케팅 전략을 수립할 때 '내가 만약 고객이라면 어떨까?'에 대해 고민한다.

    그렇다면 이렇게 고객 입장에서 생각하려는 공감의 노력은 과연 전적으로 바람직한 자세일까? 사실 이에 대해서는 몇 가지 짚

감 | | | |

고 넘어가야 할 과제들이 있다.

'내 마음이 곧 네 마음'이라는 착각

2015년 하툴라(Johannes Hattula)와 동료 교수들의 연구 결과는 놀랍게도 우리의 상식을 깨는 반전을 보여준다.[19] 결론부터 말하자면, 마케팅 전략 수립 시 소비자의 입장에서 생각하려는 마케터의 공감 노력이 오히려 마케터 개인의 자기중심적 선호(egocentric preference)를 소비자의 선호로 착각하게 만들 가능성을 높일 수 있다. 심지어는 시장 조사 결과마저 무시하게 만들기도 한다.

그 이유는 마케터가 가진 정체성(identity)이 '마케팅 전문가로서의 정체성'과 '개인 소비자로서의 정체성' 두 가지인데, 소비자 관점에서 생각하려는 노력을 더 많이 할수록 마케터 본인도 모르는 새에 '개인 소비자로서의 정체성'이 더 활성화되어 이를 브랜드의 전형적 소비자의 선호도 판단에 투영하기 때문이다. 저자들은 이를 '자기참조 선호예측(self-referential preference prediction)'이라고 칭했다.

총 4회의 실험 연구는 마케터의 자기참조 선호예측이 신제품 개발 시, 광고안 선택 시, 가격 결정 시, 광고 모델 결정 시 한결같이 나타날 수 있음을 보여주었다. 그중 필자는 두 번째(광고안 선택)와 네 번째(광고 모델 결정) 실험 결과를 간단히 소개하고자 한다.

롤렉스와 크리스티아누 호날두

두 번째 실험은 233명의 마케팅 매니저들에게 롤렉스 시계의 광고 시안 2개(보트 광고 vs 골프 광고)에 대한 개인적 선호도를 11점 척도(1점=매우 싫다, 11점=매우 좋다)로 평가해달라고 요청했다.

이때 실험 참가자들을 두 집단으로 나누어 집단 1에는 광고를 보는 동안 롤렉스의 전형적인 고객들이 어떤 사람인지 고민해보라고 요청했고(강한 공감), 집단 2에는 특별한 요청을 하지 않았다(약한 공감). 이는 공감 노력의 정도에 따라 자기참조 선호예측에 차이가 나는지를 분석하기 위해서였다. 다음으로 참가자들에게 시장 조사 결과(보트 광고: 8.6점, 골프 광고: 7.6점)를 보여준 후, 각 광고 시안에 대해 고객 입장에서 선호도를 예측해보라고 요청했다.

그 결과 강한 공감의 노력을 한 집단 1이 약한 공감의 노력을 한 집단 2에 비해 시장 조사 결과를 더 무시하는 자기중심적 예측을 하는 것으로 확인되었다. 특히, 집단 1의 경우 집단 2에 비해 자신의 개인적 선호도와 고객 입장의 예측 선호도 간 상관관계가 매우 높아 자기참조 선호예측이 강한 것으로 나타났다.

그렇다면 공감의 노력은 항상 부정적인 결과를 초래할까? 그렇지 않다. 자기참조 선호예측이 발생함을 미리 주지시킨 경우 부정적 효과는 사라진다. 네 번째 실험이 이를 증명했다.

이 실험은 93명의 마케팅 매니저들을 대상으로 가상의 축구게임의 광고 모델로 세계적인 축구 스타 크리스티아누 호날두(Cristiano Ronaldo)가 적합한지를 평가하도록 하면서 이때 보이는 태도를 관찰했다. 참가자들을 세 집단(공감 집단, 비공감 집단, 주의를 받은 공감 집단)으로 나눈 후 자기참조 선호예측 정도를 비교했다. 그 결과, 앞선 실험 결과와 동일하게 공감 집단의 자기참조 선호예측 성향이 비공감 집단에 비해 강하게 나타났다. 하지만 주의를 받은 공감 집단의 경우 부정적 효과가 사라졌다. 이는 마케터가 미리 자기참조 선호예측의 문제를 알고 억누르려 노력할 경우 문제가 해결될 수 있음을 의미한다.

의외의 해결책, 경청

아마도 이 글을 읽고 있는 많은 마케터들이 현업에서 늘 고객과 공감하려는 노력을 하고 있을 것으로 예상된다. 사실 필자도 기업의 마케터로 근무할 때 존경하는 선배가 "고객 관점의 사고야말로 마케터가 가져야 할 제1 덕목"이라고 조언해준 말을 마음에 새겼다.

하지만 이러한 상식이 통하려면 적어도 두 가지 가정이 성립되어야 한다. 첫째, 마케터 자신의 선호와 소비자의 선호가 일치해야 한다. 둘째, 시장 조사 결과는 정확하지 않으며 마케터 자신의 예측이 더 정확해야 한다. 불가능하다고 할 수는 없겠지만 이는 확률이 매우 희박하다. 따라서 우리는 기존에 알고 있던 상식이 사실은 매우 위험한 오해였다는 사실을 받아들일 필요가 있다.

그렇다면, 마케터는 소비자와 공감하려는 노력을 포기해야 할까? 그렇지 않다. 문제를 보완할 수 있는 두 가지 방법이 있다. 먼저 연구 결과에서 확인된 바와 같이, 마케터 자신이 자기참조 선호예측의 오류에 노출될 수 있음을 인정하고 스스로 억제하려고 노력하는 것이다. 다음으로, 의사결정 시 마케터 개인의 판단이 아닌 여러 멤버들로 구성된 집단 토의 결과를 활용하는 것이다. 앞서 제시한 연구 결과들은 개인이 단독으로 의사결정을 할 때 발생하는 문제들을 보여주고 있다. 따라서 서로 다른 기준과 선호를 가진 마케터들이 의견을 교환하고 개인이 아닌 집단의 선호를 종합하여 의사결정에 반영할 경우 해당 문제들이 해소될 가능성은 충분히 존재한다.

특히 중요한 마케팅 의사결정을 해야 하는 본인이 목표고객과 여러 특성들(예: 나이, 성별, 라이프스타일)에 있어 차이가 크다고 생각될 때, 이를 보완해 줄 만한 직원을 의도적으로 의사결정에 참여시킬 수 있는 제도를 마련하는 것이 중요하다. 오늘날 소비 주체로 부상하고 있는 Z세대들의 소비 행태가 이전 세대들과는 확연한 차이를 보이고 있어 의도적으로 이들의 의견을 경청하려는 노력이 부족할 경우 자기참조 선호예측의 오류가 더욱 심각해질 가능성이 있다.

신입이 임원을 가르치다

최근 기업들이 리버스 멘토링(reverse mentoring)에 관심을 가지는 것도 이를 해결하기 위함이다. 리버스 멘토링은 나이 든 선배사원이 신입사원을 멘토링하는 일반적인 관례를 깨고, 신입사원이 기업의 임원들에게 멘토링을 해주는 제도다. 예를 들면 신입사원이 소셜미디어에 대한 이해가 부족한 나이 든 임원들에게 페이스북, 인스타그램 등 소셜미디어의 사용법뿐 아니라 최근 유행하는 여러 스마트폰 앱의 사용법을 알려주는 식이다. 이를 통해 임원은 실제로 자신의 계정을 만들고 운영해 봄으로써 젊은 소비자들의 구매 행태를 이해할 수 있다.

특히 리버스 멘토링 제도는 구찌가 매출 하락의 위기를 극복하고 새롭게 도약하는 데 큰 역할을 한 것으로 알려져 있다.[20] 2015년 구찌의 마르코 비자리 CEO는 30세 이하의 직원으로 구성된 '그림자위원회'를 만들어, 임원회의가 끝난 후 이들과 같은 주제로 다시 토론하는 방식을 제도화했다. 임원들의 의사결정 결과를 검증하고 추가로 새로운 아이디어를 얻기 위함이다. 그 결과 구찌에 적지 않은 변화가 찾아왔다.

▲젊은 신입사원이 나이 든 간부를 가르치는 리버스 멘토링

먼저 2018년 봄 시즌부터 구찌의 제품라인에서 모피 제품이 사라졌다. 이는 모피 제품에 대한 젊은 세대의 부정적인 견해를 반영한 결과였다. 또한 2017년 9월에는 '구찌 플레이스'라는 여행 앱을 런칭했다. 구찌 플레이스는 제품 탄생에 아이디어와 영감을 제공한 세계의 다양한 여행지를 소개하는 GPS 기반의 앱으로, 해당 여행 장소(예: 신제품의 화보 촬영지)에 가까워지면 알람을 보내 제품 탄생과 관련된 다양한 스토리를 들려준다. 또한 각 여행지마다 배지를 수집할 수 있게 했으며, 해당 여행지에서만 판매하는 한정판 제품을 구매할 수 있는 기회를 제공했다.

이렇게 젊은 소비자의 감성을 반영하고자 한 노력 덕분에 구찌는 리버스 멘토링 제도를 도입한 2015년을 기점으로 놀라운 매출 성장률(2017년 3분기, 약 49%)을 보이고 있다. 더욱 고무적인 변화는 현재 구찌 매출의 절반 이상이 35세 이하의 젊은 세대에서 나오고 있다는 점이다. 심지어 밀레니얼 세대들 사이에서 "I am feeling Gucci!(나 오늘 정말 기분 좋다)" 또는 "His new car is so Gucci(그의 새 차는 정말 죽여주더라)"라는 말이 생길 정도라고 한다.

강요될 때 일어나는 일

한편, 공감 마케팅이 성공하기 위해서는 공감이 기업 조직에 어떤 영향을 미치는지에 대해서도 깊이 있는 이해가 필요하다. 그런 의미에서 켈로그 경영대학원(Kellogg School of Management)의 애덤 웨이츠(Adam Waytz) 교수가 2016년 HBR에 기고한 "The Limits of Empathy(공감의 한계점들)"라는 글은 우리에게 중요한 시사점을 제공해준다. 조직 구성원들에게 과도하게 공감능력을 요구할 경우, 이것이 오히려 비즈니스에 부정적인 영향을 줄 수 있다는 것이 이 글의 핵심 요지이기 때문이다. 지금부터는 그 구체적인 내용을 살펴보도록 하자.

웨이츠 교수가 제시한 공감의 한계점 세 가지를 요약하면 다음과 같다. 첫째, 공감은 사람을 매우 지치게 하고, 더 중요한 일에 집중하지 못하게 한다(It's exhausting). 늘 공감을 강요당하는 조직의 구성원들은 스트레스로 인해 무기력해지고, 불안감과 피로감 등을 느껴 더 중요한 본연의 업무가 소홀해질 수 있다. 가령 환자와 공감할 것을 지나치게 강요받는 간호사들은 결근 횟수가 증가하고 의료행위 실수가 잦아질 가능성이 높아진다.

둘째, 공감의 총량은 정해져 있어 결국 제로섬게임이다(It's zero-sum). 이른바 '공감 총량의 법칙'이다. 공감은 정신적 자원을 빠르게 고갈시키므로 인간이 공감에 사용할 수 있는 인지적 자원은 매우 제한적이다. 예를 들어 직장에서 공감을 더 강요당할수록 가족들과 공감하는 능력은 떨어진다. 늘 불만으로 가득 찬 고객들을 상대해야 하는 콜센터 직원들은 직장 동료, 친구, 가족들과 제대로 공감하기가 쉽지 않다. 이는 한 개인이 소속되어 있는 여러 집단들에 대한 공감의 균형이 쉽지 않으며, 선택과 집중을 할 수밖에 없는 상황에 놓인다는 것을 의미한다.

마지막으로, 가장 심각한 문제는 공감이 윤리의식을 무너뜨릴 수 있다는 점이다(It can erode ethics). 지나친 공감은 자신과 친한 사람들이 저지른 비윤리적 행동들을 이해하고 용인하게 하며, 이러한 자신의 행동을 타인을 위한 이타심의 명목으로 합리화하도록 한다. 특히 개인주의 성향이 강한 서양인들과 달리 집단주의 성향이 강한 동양인들은 자신이 소속된 집단의 이익과 사회적 정의 간에 갈등이 발생할 가능성이 상대적으로 높다.

공감에서 자유로워지기

조직 내 과도한 공감으로 인해 발생하는 이러한 문제들을 해결하는 데 도움이 되는 몇 가지 조언이 있다. 우선 공감이 필요한 업무를 분할하는 것이다. 고객에게 공감을 집중해야 하는 업무와 다른 직원들의 고충을 해결해주는 업무를 분리해 서로 다른 직원들에게 부여함으로써, 제한된 공감능력을 각 영역에서 최대한 발휘할 수 있도록 해야 한다.

다음으로 조직 구성원 개개인이 자신만의 관심분야에 집중할 수 있는 시간을 가지도록 장려하는 것이다. 자신이 정신적으로 맑아져야 타인을 위한 공감에 더 많은 자원을 사용할 수 있기 때문이다. 예를 들어 직원들이 격리된 공간에서 눈치 보지 않고 쉴 수 있는 쉼터를 만들어 주거나, 휴가 기간 동안 직원의 이메일 계정 접근을 차단하는 것도 좋은 방법이 될 수 있다. 아주 당연한 조언인 것처럼 보일 수 있지만 제대로 실천하고 있는 기업은 많지 않다.

벽돌에 담긴 비전

더 중요한 것은 조직 구성원들이 공감할 수 있는 조직의 비전을 제시하는 것이다. 이와 관련된 흥미로운 일화가 하나 있다.[21] 공사 현장에서 만난 세 벽돌공에 대한 이야기이다. 어떤 행인이 지나가다 만난 첫 번째 벽돌공에게 "지금 무엇을 하고 있습니까?"라고 질문했다. 그러자 그 벽돌공은 인상을 잔뜩 찌푸린 채 "보면 모르시오, 벽돌을 쌓고 있소"라고 퉁명스럽게 대답했다. 행인은 잠시 후 만난 두 번째 벽돌공에게도 같은 질문을 했다. 그러자 그는 피곤한 표정을 지으며 "시간당 10달러짜리 일을 하고 있소"라고 답했다. 행인은 좀 더 길을 걷다 만난 세 번째 벽돌공에게도 똑같은 질문을 던졌다. 그러자 그는 환하게 웃으며 "세계에서 가장 아름다운 성당을 짓는 일에 동참하고 있소"라고 대답했다.

같은 질문임에도 비전에 공감하는지 여부에 따라 일하는 마음과 자세가 달라질 수 있음을 보여준다. 『어린왕자』의 저자 생텍

쥐페리(Saint-Exupéry)가 이야기한 "배를 만들게 하고 싶으면 배 만드는 법을 가르치지 말고 바다를 동경하게 하라"라는 말과도 일맥상통한다.

공감의 전략을 진화시켜라

    지금까지 우리는 소셜미디어 시대에 가장 중요한 키워드인 공감에 대해 살펴보았다. 앞서 말한 것과 같이 공감이 다른 네 가지 핵심코드들의 중심축으로 작용할 때 각각의 코드들이 의미 있는 목적지를 찾아갈 수 있다. 내가 공감할 수 없는 콘텐츠를 '공유' 하기를 원하는 소비자는 많지 않다. 또한 공감 없이 소비자의 마음에 울림을 주고 행동의 변화를 유도하는 '공명'은 존재할 수 없다. 우리는 우리 사회의 이웃들과 공감하며 함께 살아가고자 노력하는 '공생'의 가치를 실현하는 기업들을 착한 기업이라고 칭찬하는 반면, 우리가 가진 삶의 태도와 가치에 공감하지 못하는 기업들을 '공정'하지 못하다고 생각한다. 공감의 중요성은 아무리 시대가 변화해도 결코 시들지 않을 것으로 보인다. 다만 이를 실현하는 방법들이 진화할 뿐이다.

    만약 소비자 공감 전략으로 실패한 경험이 있다면, 시대가 변화하여 이제 공감이 더 이상 의미가 없어진 것이 아니라 공감을 전략으로 활용하는 방법에 문제가 없었는지 한 번쯤 돌아볼 필요가 있다. 미국의 전 대통령 버락 오바마가 미국을 넘어 전 세계 많은 이들의 존경을 받을 수 있었던 것은 어릴 적 그의 어머니가 지속적으로 던졌던 질문의 힘이 큰 역할을 한 것으로 알려져 있다. "다른 사람이 너한테 그렇게 하면 기분이 어떨 것 같아?" 그녀는 오바마에게 리더에게 가장 필요한 공감의 자세를 가르쳐준 것이다. 오늘날 트럼프 대통령이 보이는 행보와 비교되어 오바마의 행적이 더 가치를 발하는 이유이다.

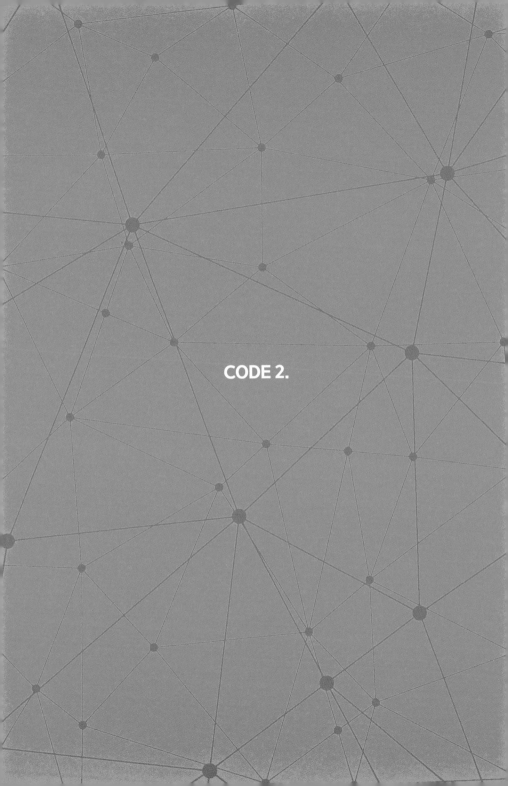

CODE 2.

공유

소비자를 마케팅에 참여시켜라

||||| 공

'좋아요' 만으로는 팔리지 않는다

소셜미디어 마케팅이 성공하기 위해서는 무엇보다 소비자의 적극적인 참여가 중요하며, 이를 위해서는 WTP 중심의 전략적 사고가 필요하다. 일반적으로 마케팅에서 이야기하는 WTP는 소비자가 돈을 지불하려는 의도(Willingness To Pay)를 의미하지만, 소셜미디어에서 강조하는 WTP는 소비자가 마케팅 프로그램에 참여하려는 이도(Willingness To Participate)를 의미한다. 즉, 소비자의 참여 의도를 증가시켜 브랜드가 전달하고자 하는 핵심 메시지가 빠르게 확산, 공유, 재생산될 수 있도록 하는 것이 소셜미디어 마케팅 전략의 핵심이란 이야기다.

유ㅣㅣㅣㅣ

100명의 가입자보다 1명의 수집가

마케팅 학자들은 소셜미디어상의 소비자들을 참여 수준에 따라 다섯 단계로 구분한다. 타인이 생산한 콘텐츠를 단순히 읽는 관망자(Spectator), 특정 그룹(커뮤니티)에 가입하여 타인과 관계를 형성하는 가입자(Joiner), 정보를 모으고 공유하는 수집가(Collector), 정보를 평가하고 코멘트를 적극적으로 남기는 비평가(Critics), 직접 정보를 생산하고 배포하는 크리에이터(Creator)가 그것이다.[1]

결국 소셜미디어 마케팅 전략의 초점은 어떻게 하면 관망자를 크리에이터까지 끌고 올 수 있느냐에 맞춰진다. 특히 얼마나 많은 소비자들로 하여금 세 번째 단계인 '정보를 모으고 공유하는 수집가' 이상의 참여 활동을 하도록 유도할 수 있느냐가 소셜미디어 마케팅 전략의 성패를 결정짓는다고 해도 과언이 아니다. 하지만 여전히 많은 기업들이 두 번째 단계에 불과한 '가입자'를 모으는 데만 지나치게 노력하고 있는 듯 보인다. 이를테면 페이스북에 홈페이지라 할 수 있는 브랜드의 페이지를 만들고 각종 이벤트와 유료 광고를 총동원하여 방문자가 '좋아요'를 누르게 해 팔로워의 수를 늘리고자 노력하는 식이다. 심지어 페이지의 팔로워 수를 마케팅 담당자의 성과측정지표(KPI)로 잡고 있는 기업들도 적지 않으며, 소셜미디어 광고 대행사들은 KPI 달성을 위해 브랜드의 타깃 고객과 전혀 무관한 외국인(예: 중동에 거주하는 아랍인들)을 가입자로 끌어들이기까지 한다.

이는 소셜미디어의 팔로워 수를 늘리면 그들이 브랜드의 충성 고객이 되어 매출 증대에 기여할 것이라는 막연한 기대 때문이다. 하지만 원인과 결과의 순서가 바뀌었는지도 모른다. 팔로워가 충성 고객이 되는 것이 아니라 충성 고객이 팔로워가 되는 경우가 많기 때문이다.

그들의 노력이 부질없는 이유

최근 소셜미디어 관련 연구들은 단순히 가입자를 모집하는 방식의 마케팅 활동이 우리가 생각하는 것보다 의미 없는 노력일 수 있음을 보여준다. 존 레슬리(John Leslie)와 그의 동료들은 이를 확인하기 위해 지난 4년간 1만 8,000명을 대상으로 실험 연구를 진행했다.[2] 연구 결과는 놀라웠다. 소셜미디어의 팔로워가 된다고 해서 제품을 구매할 확률은 전혀 높아지지 않았으며, 팔로워의 친구들에게 역시 어떤 영향도 미치지 못한 것으로 확인되었다.

예를 들어, 신규 화장품을 런칭하면서 페이스북 페이지에 '좋아요'를 요청하여 팔로워가 된 사람들과 아무런 요청도 하지 않았던 사람들에게 화장품 샘플 무료쿠폰을 보낸 후에 회수율을 비교했다. 팔로워의 쿠폰 사용률이 높을 것이라는 예상과 달리, 두 집단 간 쿠폰 사용률에는 차이가 없었다.

또 다른 실험에서는 728명의 팔로워로부터 각각 세 명씩 지인의 이메일 주소를 받았는데, 이 세 명에게는 서로 다른 이유를 대면서 쿠폰을 발송한 후 회수율을 비교했다. 첫 번째 지인에게는 '친구가 오프라인에서 해당 브랜드를 좋아해서' 쿠폰을 보낸다고 이야기했고, 두 번째 지인에게는 '친구가 페이스북에서 해당 브랜드를 좋아해서' 쿠폰을 보낸다고 이야기했으며, 마지막 지인에게는 '특별한 이유 없이' 친구가 쿠폰을 보낸다고 이야기했다. 그 결과, 쿠폰 사용률은 오프라인에서 좋아해서(6%), 이유 없음(5%), 페이스북에서 좋아해서(4%) 순서로 높게 나타나 소셜미디어에서 친구가 단순히 특정 브랜드를 좋아한다는 사실을 알려주는 것만으로는 어떤 영향도 미칠 수 없음이 확인되었다.

사실 이 실험은 매우 보수적으로 설계되었다. 우리는 페이스북의 콘텐츠 추천 알고리즘으로 인해 친구들이 어떤 페이지에 '좋아요'를 눌렀는지 알게 될 확률이 매우 낮기 때문이다. 이 실험 결과는 심지어 우리가 그 사실을 안다고 해도 큰 영향력이 없음을 보여준다. 하지만 연구자들이 진행한 또 다른 실험에서는 지인이 단순한 '좋아요'를 누르는 행위에 그치지 않고, 적극적으로 제품 정보를 공유하고 추천을 하는 경우에 한해서 그 제품에 대한 피추천자의 구매 확률이 높아지는 것으로 확인되었다.[3]

공유를 이끌어내는 비결

이러한 연구 결과들은 소셜미디어상에서 소비자들의 적극적인 정보 '공유'의 중요성을 여실히 보여준다. 공유의 사전적 정의는 "두 사람 이상이 한 물건을 공동으로 소유하는 것"을 의미한다. 하지만 소셜미디어 마케팅에서 말하는 공유는 단순히 독립소유의 반대개념이 아니라, 콘텐츠의 확산과 재창조라는 목표를 가지고 있다는 점에 주목해야 한다. 이를 위해서는 우리가 흔히 바이럴 마케팅(Viral Marketing Strategy)이라 칭하는 커뮤니케이션 전략이 필요하다.

2015년 HBR에는 "Why some videos go viral(폭풍 공유 동영상의 비밀)"이라는 제목의 흥미로운 글이 소개되었다. 비밀은 크게 두 가지로 요약된다. 첫째는 콘텐츠가 소비자들의 강한 감정적 반응을 유발시킬 수 있어야 하며, 둘째는 공유에 대한 소비자들의 사회적 동기[4]를 자극할 수 있어야 한다는 것이다. 각각에 대해 하나씩 자세히 살펴보도록 하자.

먼저, 어떤 콘텐츠가 소비자들의 감정의 강도(强度)를 증가시킬 수 있을까? 여러 문헌들을 검토해본 결과 필자는 적어도 '의외성, 나와의 관련성, 감동, 깨달음'의 네 가지 요소가 중요하다는 결론을 내렸다.

놀라는 즐거움: 의외성

　　먼저 의외성(unexpectedness)에 대해 이야기 해보자. 사람들은 의외성을 주는 콘텐츠, 다시 말해 '예상치 못한 놀라움'을 주는 콘텐츠에 대해 매우 강한 심리적 반응을 보인다.

　유튜브의 트렌드 매니저인 케빈 알로카(Kevin Allocca)는 2011년 TED에 출현해 "매 분마다 유튜브에는 48시간 분량의 동영상 들이 올라오지만 그중 극히 일부만이 바이럴될 수 있는데, 이는 콘텐츠의 놀라움(surprise)과 재미(hilarity)를 의미하는 의외성이 있느냐에 달렸다"고 주장했다. 이를 잘 보여주는 티저 광고 사례 가 있다.

그녀만의 일식 행사

   2017년 8월, 미국은 99년 만에 찾아온 개기일식에 대한 기대와 흥분으로 가득 차 있었다. 그러던 어느 금요일, 팝의 여왕이라 불리는 테일러 스위프트(Taylor Swift)는 자신의 소셜미디어에 그동안 포스팅했던 모든 콘텐츠를 지워버렸다. 일종의 그녀만의 일식 행사를 진행한 것이었다.[5]

   그녀의 홈페이지는 어둡게 변해 있었고, 인스타그램에 업로드된 사진들, 페이스북에 포스팅한 자료들뿐 아니라 트위터의 모든 메시지까지 완전히 사라졌다. 얼마 후 팬들 사이에서 그녀의 갑작스런 행동이 어쩌면 새로운 앨범 발표를 암시하는 것이 아니냐는 소문이 돌면서, 팬들은 긴장과 기대가 교차된 감정으로 주말을 초조하게 보내게 된다. 그리고 며칠 뒤, 그녀는 마침내 침묵을 깨고 뱀이 등장하는 10초짜리 티저 영상을 공개하며 팝의 여왕이 돌아왔음을 세상에 알렸다. 그녀가 3년 만에 새로운 앨범("Look What You Made Me Do")을 발표한 것이다. 팬들은 소셜미디어에서 열광했고, 각종 언론에서는 놀라운 마케팅 전략이라 칭하며 그녀의 새 앨범을 소개하는 글들을 쏟아냈다. 이 사례는 알로카가 말하는 의외성이 어떻게 강력한 감정적 반응을 불러올 수 있는지를 잘 보여준다.

쿠키를 주문한 인공지능 스피커

최근 예상치 못한 놀라운 결과로 소셜미디어에서 화제가 된 사건이 있었다. 세계 최대 전자상거래 업체인 아마존(Amazon)에서 개발한 인공지능 비서 알렉사(Alexa)가 탑재된 '에코(Echo)'라는 스피커와 관련된 사건이다.[6]

일반적으로 집 안 거실 또는 방에 놓이는 에코 스피커를 이용해 사람들은 궁금한 걸 물어볼 수도 있고, 좋아하는 노래를 찾아달라고 이야기할 수도 있으며, 제품을 주문할 수도 있다. 그런데 텍사스 주에 사는 6살 꼬마가 에코에게 인형의 집을 가지고 놀고 싶다고 이야기하자, 에코에 탑재된 비서인 알렉사가 아마존몰에서 인형의 집과 쿠키 4파운드를 주문, 결제하는 일이 벌어졌다. 제품이 도착하고 나서야 부모는 뒤늦게 이 사실을 알게 되었고, 해당 내용이 소셜미디어를 통해 확산되자 이 사건에 대한 이야기가 TV 뉴스로까지 소개되었다. 앵커는 뉴스를 마무리하면서 "알렉사에게 인형의 집을 사달라고 하다니, 참 사랑스러운 아이네요"라고 말했고, 이 뉴스를 시청하

▲아마존의 인공지능
스피커 에코
(출처: 위키피디아)[7]

던 어느 가정에서 에코가 또다시 반응하여 같은 물건을 주문하는 사건도 일어났다. 이후 아마존은 잘못 주문된 제품을 무료로 환불 조치할 수 있도록 했으며, 에코 이용자들에게는 음성주문이 불가하도록 설정하거나, 핀 코드를 넣어야만 최종 주문이 될 수 있도록 이용 설정을 변경할 것을 권고했다.

이 사건은 과거에는 상상할 수도 없었던, 초연결시대의 변화된 삶을 보여주는 해프닝이다. 소비자들에게 큰 놀라움과 재미를 준 이 일화는 지금도 여전히 소셜미디어에서 자주 공유되고 있다.

즐기면서 먹는 레스토랑

소셜미디어 시대의 '재미'는 공유 콘텐츠의 필수조건이라 할 만큼 중요하다. 일찍이 네덜란드의 역사학자 요한 하위징아(Johan Huizinga)는 놀이와 재미를 추구하는 인간의 본성을 가리켜 호모루덴스(Homo Ludens)라 칭했다. 재미있는 것에 열광하고 이를 나누고 싶어 하는 것은 인간의 기본적 욕구이다.

소셜미디어는 이러한 소비자의 욕구를 충족시켜줄 수 있는 최적의 미디어다. 이 글을 읽고 있는 분들 중 페이스북, 인스타그램, 카카오스토리와 같은 소셜미디어를 자주 이용하는 분이 있다면,

최근 자신이 공유하거나 코멘트를 남긴 글 몇 개만 찾아보자. 아마 저절로 미소를 짓게 될 것이다. 이 책의 프롤로그에서 언급한 버거킹의 '와퍼 희생양' 캠페인이 성공할 수 있었던 것도 소비자에게 재미와 즐거움을 줬기 때문이다. 따라서 최근에는 여러 산업 분야에서 재미의 요소를 접목시키고자 노력하고 있으며, 이에 따라 이터테인먼트, 쇼퍼테인먼트, 다큐테인먼트, 리테일테인먼트 등의 다양한 신조어들이 탄생하고 있다.

특히 외식업계에서 최근 자주 사용되는 이터테인먼트(eatertainment)는 'eat(먹는다)'과 'entertainment(즐거움)'가 결합된 신조어이다. 소비자들은 이터테인먼트를 갖춘 레스토랑을 인스타워시(insta-worthy)[8]한 곳으로 받아들이며 자신의 소셜미디어를 통해 적극적으로 홍보한다.

얼마 전 TV 한 예능 프로에서 국내 유명 셰프인 샘 킴이 상하이에 위치한 멀티 다이닝 레스토랑 '앤솔로지아(Anthologia)'를 방문하여 5종류의 모둠 사시미를 먹는 장면이 노출되었다. 1인 코스요리가 무려 980위안(약 17만 원)으로 꽤 고가임에도 불구하고, 제법 인기가 많은 곳이라 한다. 앤솔로지아는 각 코스요리가 등장할 때마다 조명과 영상, 음악이 달라지는 4D 시스템을 갖춘 식당으로 음식은 입으로만 먹는 것이 아니라 눈과 귀로도 먹는다는 표현이 딱 맞아 보였다. 극장과 같은 분위기를 갖춘 레스토랑에서 화장을 진하게 한 스태프가 공연을 하듯 코스요리를 하나하나 소개하고 동영상을 보여주는 모습이 매우 인상적이었다. 이는 새로운 오감을 자극함으로써 먹는 재미를 극대화하고자 한 이터테인먼트의 단면을 보여준 사례라 할 수 있다.

또 다른 흥미로운 사례로 2016년 4월 두바이몰에 오픈한 파커스(Parkers') 레스토랑을 들 수 있다.[9] 이 레스토랑의 콘셉트는 한마디로 "열쇠가 없으면 음식을 먹지 못한다"로 요약된다. 두바이몰에 숨겨진 열쇠를 찾은 고객들만 레스토랑을 이용할 수 있기 때문이다. 돈이 아무리 많아도 열쇠가 없으면 이용할 수 없다. 파커스는 소셜미디어를 통해 열쇠를 숨겨놓은 곳에 대한 힌트를 제공하고, 실제로 열쇠를 찾은 고객들은 자신들의 소셜미디어에 "열쇠를 손에 넣었어(#Igotakey)"라는 해시태그를 달며 파커스를 적극적으로 홍보했다. 파커스는 음식을 먹을 때 느끼는 즐거움을 넘어, 레스토랑으로 찾아오는 과정의 즐거움을 전달하기 위해 소셜미디어를 제대로 활용하고 있는 것이다.

최근에는 '눈탱이감탱이'라는 암흑레스토랑(암흑카페)이 유행하고 있다. 국내 한 예능 프로그램에 소개되면서 인기를 끌게 된 곳으로 빛이 전혀 없는 곳에서 식사와 보드게임을 해봄으로써 시각장애인의 어려움을 이해하고 건강에 대한 소중함을 깨달으라는 의미에서 만들어진 이색 레스토랑이다. why의 공감가치가 매우 인상적이다. 하지만 레스토랑의 본래 취지와는 달리, 보이지 않는 곳에서 식사와 게임을 하는 것에 대한 호기심과 재미를 위해 방문하는 소비자들도 제법 있는 듯하다. 이 카페가 생일파티와 소개팅 장소로 자주 애용된다고 하니 매우 흥미롭다. 보지 않고 먹는 낯섦이 또 다른 엔터테인먼트 요소로 소비자를 유혹하고 있는 것은 아닐까?

어묵티를 현실로 만든 죠스떡볶이

2017년 9월 죠스떡볶이는 페이스북에 어묵국물 티백 사진을 올리며 화제를 모았다. 녹차나 홍차 같은 티백으로 만든 어묵국물이었다. 소비자의 흥미를 유발시키기 위해 실제 출시된 제품이 아닌 가상의 아이디어를 "#진짜나오면사재기각 #상상해봤죠" 같은 해시태그와 함께 포스팅한 것인데, 이를 본 소비자들로부터 실제로 구매하고 싶다는 댓글들이 빗발쳤다. 이에 국물이 생각나는 추운 날씨가 찾아오자 죠스떡볶이는 12월 11일 죠스 어묵티를 한정판으로 전국 매장에 출시했다. 마치 아모레퍼시픽의 오설록 포장을 연상케 하는 고급스러운 포장용기에 담아 판매한 어묵티는 순식간에 매진되었다. 죠스떡볶이의 관계자는 어묵티 덕

▲죠스떡볶이의 어묵국물 티백과 죠스밥
(출처: 죠스푸드)

분에 매장의 매출이 실제로 늘었고 가맹문의가 증가하였다고 한다. 필자가 2018년 1월 초 분당의 한 매장을 방문했을 때에는 이미 물량이 동난 상태였고, 사장님은 좀 더 매운 버전으로 시즌2가 준비되고 있다고 귀띔해주었다.

죠스떡볶이에서는 또한 2018년 1월에 떡볶이 국물에 비벼 먹을 수 있는 '꺾어 먹는 죠스밥'이라는 가상의 제품을 페이스북에 포스팅하며 "#죠스덕후의상상, #삼시세끼_가능하죠"라는 해시태그와 함께 게시해 화제를 모았다. 이제 필자를 비롯한 많은 소비자들은 죠스떡볶이가 보여주는 이터테인먼트의 진화를 늘 기다리는 듯하다.

홈쇼핑을 예능으로 활용하다

다음으로 쇼핑업계에서는 최근 'shopping(쇼핑)'과 'enter-tainment'가 결합하여 탄생한 쇼퍼테인먼트(shoppertainment)라는 말이 유행한다. 원하는 물건을 구입한다는 쇼핑의 실용적 동기뿐 아니라 쇼핑과정 그 자체를 즐기는 쾌락적 동기를 좀 더 적극적으로 충족시키려는 노력을 표현한 말이다.

제주에서 귤 농사를 지으며 음악 활동을 하는 것으로 알려진 루시드 폴은 2015년 새벽 2시 CJ오쇼핑에서 "귤이 빛나는 밤에"라는 방송을 통해 7집 음반을 판매했는데 9분 만에 매진을 기록했다. 이 방송에서는 단순히 음반 소개만 한 것이 아니라 루시드 폴이 직접 귤 모양의 모자를 쓰고 나와 라이브로 타이틀 곡의 노래를 불렀으며, 앨범 1,000장 한정으로 직접 재배한 귤과 동화책 등을 사은품으로 내걸었다. 중간에는 이적과 유희열 등 소속사 식구들이 응원하는 영상을 내보내기도 했다. 해당 방송은 기존 홈쇼핑의 틀을 깨고 마치 예능 프로와 같은 큰 재미를 준 덕분에 소셜미디어와 언론 기사를 통해 빠르게 확산, 공유되었다.

2017년에는 CJ오쇼핑에서 특집 프로그램인 "슈퍼마켓"을 방영했다. 아이돌 그룹인 슈퍼주니어가 홈쇼핑에 출연해 제품을 설명하며 입담을 자랑했는데, 시청률이 평소보다 6배나 높았으며 동시 접속한 전화가 4,800여 건이나 되었다고 한다. 덕분에 롱다운 점퍼 1만 9,000세트가 순식간에 매진되었다. 슈퍼주니어는 8집 앨범을 발매하면서 판매량이 20만 장을 돌파하면 홈쇼핑에 출연하겠다는 공약을 걸었는데 이를 지킨 것이다. "슈퍼마켓"을 시청한 소비자들은 이 방송이 홈쇼핑인지 예능인지 모르겠다는 반응을 쏟아냈고 이 일화가 소셜미디어를 통해 빠르게 확산되면서 많은 소비자들이 해당 영상을 다시 찾아봤다. 이를 통해 CJ오쇼핑은 홍보효과를 톡톡히 누릴 수 있었다.

게임으로 즐기다, 게이미피케이션

'재미'와 관련해서 최근 자주 회자되는 용어가 게이미피케이션(gamification)이다. 게이미피케이션은 2002년 영국의 프로그래머인 닉 펠링이 처음 사용한 말로 게임처럼 경쟁과 승부욕을 자극하여 소비자의 몰입을 유도하려는 전략을 의미한다.[10]

2017년 1월 삼양식품에서 출시한, 지구상에서 가장 매운 라면으로 손꼽히는 '핵불닭볶음면'이 게이미케이션의 좋은 사례라 할 수 있다. 2014년 유튜브 스타인 영국남자 조쉬가 친구들과 눈물, 콧물 다 흘리며 불닭볶음면에 도전하는 영상이 전 세계적으로 화제가 된 적이 있는데, 핵불닭볶음면은 바로 이 불닭볶음면을 2배 더 맵게 만든 업그레이드 버전이다. "#Nuclear Fire Noodle Challenge(핵불면도전)"라는 해시태그와 함께 전 세계 유튜버들이 핵불닭볶음면 먹기에 도전하면서 관련

▲전 세계 유튜버를 사로잡은 핵불닭볶음면
(출처: 삼양식품)

영상들이 세계적으로 확산되고 있다. 이들의 도전기를 페이스북을 통해 소개한 한 언론의 기사가 열흘 만에 조회수 1,300만 건, 공유 10만 2,000건을 기록할 만큼 반응이 뜨거웠다.[11]

　게이미피케이션을 적절히 활용하여 유명세를 탄 국내 고속도로 휴게소도 있다. 바로 하루 매출 약 1억 원, 국내 1위의 덕평자연휴게소이다. 이미 아름다운 숲길, 푸드코트, 공원 등 여러 요소가 조화를 갖춘 훌륭한 휴게소지만, 유독 소셜미디어에서 자주 회자되는 것은 다름 아닌 화장실이다.

　'Fun Fun한 화장실'이란 이름을 가진 남자 화장실의 입구에는 '소변 보는 다섯 가지 방법'이라는 안내판이 있다. 강한 남자 찾기(GAME ZONE), 행운을 잡아라(CASINO ZONE), 나도 슈팅스타(SPORTS ZONE), 토이로봇(KIDS ZONE), 19금 어른만(19 ZONE)

이 그것이다. 특히 '게임존(GAME ZONE)'이란 부제가 붙은 강한 남자 찾기 코너에서는 매우 특별한 일이 벌어진다. 이곳의 소변기 위에는 '오줌빨 대결! 남자의 자존심을 지켜라'는 문구와 함께 스크린이 설치되어 있는데, 그 안에는 파이터들이 싸움을 하는 장면이 나온다. 앞서 해당 소변기를 이용한 사람과 나의 오줌빨 세기를 분석해 승부를 가리는 일종의 게임을 하는 것이다. 심지어 2013년에는 '제1회 덕평 오줌발 대회'를 개최해 1등 해외여행 상품권, 2등 제주 상품권을 증정하는 이벤트를 벌였고, 이듬해 진행된 2회 대회에서는 "소변 보고 부모님 효도여행 보내드리자"는 광고 문구를 사용하기도 했다. 그 밖에 행운을 잡아라 코너에서는 소변기 내에 설치된 잭팟을 터뜨리는 게임을, 나도 슈팅스타 코너에서는 소변기 내에 설치된 축구 골대에 공을 넣는 게임을 할 수 있도록 했다.

덕평자연휴게소의 사례는 여러모로 시사하는 점이 크다. 첫째, 전혀 생각하지 못한 '화장실'이라는 공간에서 재미 요소를 창출함으로써 의외성을 높였고 이에 따라 소비자의 감정적 반응의 강도가 효과적으로 높아질 수 있었다. 둘째, 온라인 프로모션이 아닌 오프라인 프로모션을 소셜미디어로 끌고 왔다는 점도 의미 있는 시도라 할 수 있다.

오프라인을 온라인으로 가져오다

요즘 소셜미디어에서는 온라인으로 바로 작성된 글이 아니라 대학생들이 쓴 대자보 사진과 같이 오프라인에서 만든 콘텐츠를 온라인으로 가져올 경우 소비자가 더 열광적으로 반응하는 모습이 자주 목격된다.

얼마 전 필자는 "공유로 기부한다"는 슬로건을 가진 페이스북 기부 플랫폼 쉐어앤케어(SHARE & CARE)의 황성진 대표가 그림과 같이 자신의 페이스북에 포스팅한 채용면접자 응원 메시지를 보고 적지 않은 감명을 받았다. 아마도 면접자는 입사에 실패한다 할지라도 이 회사에 대한 긍정적 구전을 할 것임에 틀림없다. 가장 어렵고 힘든 순간에 자신의 마음을 공감해준 회사이기 때문이다. 황 대표가 의도하지 않았을지도 모르나 오프라인의 콘텐츠를 온라인으로 가져온 전략은 사회적 기업인 쉐어앤케어의 착한 이미지를 더 많은 사람들에게 알릴 수 있는, 브랜딩에 매우 효과적

▲쉐어앤케어의 면접자 응원 메시지
(출처: 황성진 대표 페이스북)

인 전략이었다고 판단된다. 이는 디지털 시대의 경쟁력은 온라인이 아닌 오프라인에서 온다는 말의 의미를 실감케 한다.

재미 +핵심가치

한편, 콘텐츠의 재미만 지나치게 강조할 경우 브랜드가 전달하고자 하는 핵심가치가 소비자들에게 제대로 전달되지 못할 가능성이 있어 주의가 필요하다.

필자는 오후 5시쯤 외부 강의를 마치고 건대 로데오 거리를 지나 학교로 돌아오면서 우연히 매우 흥미로운 광경(?)을 목격했다. 저녁 손님을 받기에는 이른 시간이라 호프나 주점의 테이블이 대부분 텅 비어 있었는데, 그림에서 보는 바와 같이 한 곳에서 판다 한 녀석이 턱 하니 자리를 차지하고 술을 마시고 있었다. 필자는 본능적으로 스마트폰의 카메라를 켜 사진을 찍었고 이를 페이스북에 공유했다. 페이스북 친구들은 매우 흥미롭다는 반응을 보였고, 일부는 사진 속 판다가 술을 마시는 장면을 자세히 들여다보고는 판다가 칭따오 중국 맥주를 마시지 않고 국내산 맥주를 마신다며 '배신자'라는 우스갯소리를 하기도 했다.

우선 지나가는 행인의 시선을 끌고 소셜미디어에 공유하도록 유도한 이 주점의 아이디어를 칭찬하고 싶다. 문제는 사진 속 주점의 이름이 무엇인지, 또 어디에 위치한 곳인지 정확히 알기 힘들다는 점이다. 단순히 재미만을 강조하였을 뿐 브랜드의 메시지와 단절되어 있다. 판다가 앉은 테이블에 매장의 이름을 크게 적어 놓았더라면 어땠을까? 아니면 판다의 한쪽 팔에 브랜드명과 슬로건을 적은 띠라도 두르게 했더라면 어땠을까? 온라인 홍보를 노린 프로모션이 아니었더라도 요즘은 온라인과 오프라인의 경

▲술 마시는 판다 인형과 SNS상의 반응

계가 없다. 이 멋지고 재치 있는 아이디어가 좀 더 큰 효과를 누리지 못하고 단순히 행인의 주의를 끄는 데 그쳤다는 점은 못내 아쉬움이 남는다.

이와 비슷한 사례가 생수 브랜드 에비앙(Evian)의 '젊게 사세요(Live Young)' 캠페인이다.[12] 기저귀를 찬 아기들이 능수능란하게 롤러스케이트를 타는 모습을 컴퓨터 그래픽으로 제작한 이 영상은 최단기간에 조회수 5,000만 건을 기록하면서 기네스북에 오를 만큼 화제가 되었다. 후속편에서는 어른들이 길을 가다 우연히 쳐다본 쇼윈도에서 아기가 된 자기 모습을 발견하고 놀라면서도 즐거워하며 춤을 추는 모습을 보여주었다.

두 동영상 모두 영상 자체는 매우 재미있었고, 소셜미디어를 통해 빠르게 확산되었다. 하지만 이 광고가 정확히 어떤 제품을, 또 어떤 메시지를 전달하고자 만들어진 것인지 정확히 기억하는 사람은 많지 않았다.

반면 가정용 믹서기 브랜드인 블렌드텍(Blendtec)의 "갈아질까요? (Will it blend?)" 광고는 브랜드의 핵심가치가 재미와 잘 어우러져 성공한 사례로 손꼽힌다. 인지도가 매우 낮았던 블렌드텍은 자신의 강력한 분쇄 기능을 알리기 위해 대표가 직접 실험복을 입고 나와 아이폰과 갤럭시 등 유명브랜드의 제품을 믹서기에 넣고 가루로 만드는 실험영상들을 올렸다. 그러고는 "다음에는 무엇을 갈아볼까요?"라고 소비자들에게 질문을 던진다. 이때 소비자들은 아버지의 낚싯대, 형의 농구화 등을 이야기하면서 캠페인에 참여하게 되고 이를 지켜본 일반 소비자들은 미소를 짓게 된다. 블렌드텍이 가진 강력한 분쇄 기능이란 핵심가치를 재미있는 방법으로 효과적으로 전달한 사례라 할 수 있다.

'나'를
이야기하고
싶은
사람들:
관련성

　　　　　소비자의 강한 감정적 반응을 유발시킬 수 있는 또 다른 콘텐츠의 특성은 '소비자와의 높은 관련성'이다. 인간은 본능적으로 남들에게 자신의 이야기를 하고 싶어 한다. 나이 지긋한 정치인이나 사업가가 자서전을 쓰는 것이나 남들에게 말할 수 없는 비밀을 굳이 일기장에 기록하는 것 모두 이러한 본능에 충실히 따르는 예라 할 수 있다. 그리고 소셜미디어는 인간에게 내재된 자기표현의 본능을 발현하도록 도와주는 훌륭한 도구가 될 수 있다.

||||공

'나'에 관한 연구

연구 결과에 따르면,[13] 우리가 일상에서 나누는 대화 중 약 30~40%는 개인적 경험을 타인에게 들려주기 위한 것이며, 소셜미디어에 올라오는 전체 글의 80% 이상이 개인적 경험에 관한 것이라고 한다. 우리는 누군가의 소셜미디어를 통해 그 사람이 어디에서 무엇을 먹고, 입고, 즐기며, 어떤 생각을 하는지를 어렵지 않게 엿볼 수 있다.

이렇듯 자신에 관한 정보를 전달하고자 하는 인간의 행위는 다른 영장류와 달리 생후 9개월만 돼도 나타나는 인간만의 매우 독특한 동기(species-specific motivation)에서 비롯된다. 인간이 자신의 이야기를 할 때 쾌락적 감정이 고조된다는 사실이 최근 FMRI(Functional Magnetic Resonance Imaging)로 뇌를 스캔한 연구에서 확인되었다. 타인의 믿음과 견해를 추측할 때(예: 오바마 대통령이 스키와 같은 겨울 스포츠를 얼마나 즐길까?)와 자신의 믿음과 견해를 이야기할 때(예: 당신은 스키와 같은 겨울 스포츠를 얼마나 즐기나?) 뇌의 반응적 차이를 비교한 결과, 후자의 경우 전자에 비해 음식을 먹거나 성관계를 가질 때 내면적 가치 증가로 반응하는 뇌의 특정 영역이 더 활성화되는 것으로 나타났다.

소셜미디어, 나를 말하다

그 때문에 최근 기업들과 대학들은 채용 과정에서 지원자들의 좀 더 솔직한 단면을 평가하고자 소셜미디어를 모니터링하기도 한다. 2017년 하버드대학교는 페이스북에 음란물과 소수인종을 폄하하는 내용을 포스팅한 입학예정자 10여 명의 입학을 취소했다. 미국 전체 대학의 약 35%가 입시 때 지원자의 소셜미디어를 모니터링하는 것으로 알려져 있다.

최근 기업들은 직원들이 소셜미디어에 회사나 조직에 대한 부정적 이야기를 털어놓아 회사 이미지에 손상을 주는 일로 골머리를 앓고 있다. 얼마 전 가수 에릭남이 새벽 시간 자신의 트위터에 "회사가 나를 존중해 주지 않는다(My company doesn't respect me)"는 글을 올린 사건이 있었다. 초기에는 에릭남의 계정이 해킹을 당한 것 같다는 오해도 있었지만 본인이 실제 작성한 글로 밝혀지면서, 팬들을 중심으로 소셜미디어에서 뜨거운 댓글 공방이 이어졌다.[14]

다행히도 에릭남의 소속사가 만 하루도 지나지 않아 에릭남과 대화를 통해 갈등을 모두 해결했다고 밝히면서 사건이 마무리되었다. 하지만 신제품에 대한 부정적 내용을 자신의 소셜미디어에 포스팅한 애플의 직원과 회사의 문화를 독재적이라고 비판한 월

마트 직원 등은 실제로 해고되기도 했다. 이처럼 직원들의 솔직한 자기 고백을 기업은 이제 심각한 눈으로 바라봐야 하는 시대가 왔다. 따라서 최근 HBR의 사례연구에서는 "자동차 영업사원이 회사의 품위 낮은 신차 출시 이벤트를 비난하는 글을 자신의 SNS에 올려 회사 이미지에 손상을 입힌 경우 해고해야 하는가?"라는 주제를 다루기도 했다.[15]

소비자를 참여시키는 마케팅

소셜미디어를 통해 소비자가 자신과 관련된 개인적 경험을 공유하는 것을 좋아한다는 점을 고려할 때, 의도적으로 브랜드 콘텐츠와 소비자의 관련성을 높이는 마케팅 전략은 효과적일 수 있다. 몇 해 전 도미노피자가 호주에서 페이스북을 이용해 진행한 소셜리테일링 서비스인 피자모굴(Pizza Mogul)이 좋은 사례가 될 수 있다.

도미노피자는 소비자들이 제안한 16만 개의 다양한 레시피를 반영한 피자 메뉴를 개발해 일반 소비자들에게는 메뉴 선택의 다양성을 제공함과 동시에, 해당 메뉴가 판매될 때마다 메뉴 개발자들에게 최소 25센트(호주달러 기준)의 보상금을 지급하는 캠페인을 펼쳤다. 그러자 다양한 피자 메뉴에 열광한 일반 소비자들과 캠페인에 참여한 메뉴 개발자들이 도미노피자의 페이스북을 적극적으로 홍보하면서 단기간에 캠페인 참여자가 6만 명을 넘어설 수 있었다.

또 다른 사례로는 이 시대의 가장 위대한 록 밴드로 손꼽히는 영국의 4인조 밴드인 콜드플레이(Coldplay)가 6집 앨범인 "Ghost Stories"를 발매하면서 선보인 티저 마케팅 전략을 들 수 있다.[16]

2014년 5월 콜드플레이는 새로운 앨범 발매를 앞두고 트위터를 활용한 '국제 보물찾기 게임(International Scavenger Hunt)'을 진행했다. 이는 전 세계 9개 국가에 위치한 도서관에 손 글씨로 작성한 신곡의 가사를 숨겨놓고 팬들이 찾도록 하는 것이었다. 콜드플레이는 트위터를 통해 지속적으로 팬들에게 숨겨진 장소에 대한 힌트를 보냈고, 팬들이 콜드플레이의 공식 웹사이트나 "#lyricshunt(가사찾기)"라는 해시태그를 통해 진행 상황을 검색할 수 있도록 했다. 가사와 함께 공연 티켓이 숨겨져 있다는 사실이 알려지면서 팬들은 더욱 열광했고, 콜드플레이 공식 트위터의 새로운 팔로워도 빠른 속도로 증가했다. 콜드플레이는 소비자가 공유할 만한 개인적인 경험들을 효과적으로 제공함으로써 소셜미디어 마케팅이 추구하는 WTP의 목표를 달성할 수 있었다.

동영상 스트리밍 업체인 넷플릭스가 2015년부터 진행하고 있는 '메이크 잇 프로젝트(Make it Project)'도 같은 맥락이다.[17] 넷플릭스는 기발한 제품들을 만들 수 있는 방법을 동영상으로 촬영해 유튜브에 업로드한 뒤, 소비자가 재료를 구해 영상을 보며 직접 따라 만들 수 있도록 하는 DIY 프로젝트를 진행했다. 예를 들어 넷플릭스 양말은 동영상을 시청하다 잠이 들면 양말에 부착된 센서가 이를 감지하고 영상을 정지시키는 기능을 가지고 있다. 사실 넷플릭스는 완제품을 고객들에게 선물로 줄 수도 있었다. 하지만 고객들이 원하는 것을 스스로 만들어 가지도록 함으로써 희소성을 높였고, 자신의 노력으로 만든 제품에 성취감을 느낀 고객들은 소중한 경험을 타인과 적극적으로 공유하고자 했다.

채워바나나 캠페인의 성공

앞서 소개한 개인적 관련성을 높이기 위한 마케팅 전략의 세 가지 성공 사례들(도미노피자, 콜드플레이, 넷플릭스)은 중요한 공통짐이 있다. 바로 소비자들이 스스로 캠페인 참여에 상당한 '노력'을 들였다는 점이다. 이 때문에 소비자들은 브랜드의 캠페인이 자신과 크게 관련이 있다고 여겼고, 캠페인에 참여한 자신의 경험을 새로운 콘텐츠로 생산하고 공유했다.

하지만 도미노의 피자모굴이나 넷플릭스의 메이크 잇 프로젝트와 같이 캠페인에 참여하는 소비자가 다소 부담스러울 만큼 노력하도록 만들어야만 효과적인 콘텐츠 공유가 이루어지는 것은 아니다. 빙그레의 바나나맛 우유에서 진행한 "#채워바나나 캠페인"의 사례가 이를 잘 보여준다. 2016년 5월 시작한 채워바나나 캠페인은 빙그레의 "바나나맛 우유"라는 제품명에서 자음을 빼고 "ㅏ ㅏ ㅏ맛 우유"라고만 적힌 상태로 제품을 출시해 소비자로 하여금 빈 자음을 채우도록 한 것이었다. 매우 작은 노력으로 참여를 할 수 있는 캠페인이었다. 덕분에 "나만봐맛 우유", "아자자맛 우유" 등 소비자의 재밌는 아이디어들이 쏟아졌고 관련 콘텐츠들이 소셜미디어를 뜨겁게 달구었다. 이 캠페인을 기획한 애드쿠아 인터렉티브는 2016 대한민국 온라인광고제에서 대상을 수상하기도 했다.

가슴과 머리를 두드리다: 감동과 깨달음

한편 마음을 파고드는 따뜻함(warmth)을 가진 감동적인 콘텐츠도 소비자의 감정적 반응을 고조시킬 수 있다.

경차를 신중하게 고르는 이유

2017년 탤런트 신구가 등장하는 쉐보레의 경차 '스파크'의 광고가 대표적이다. 그는 신문에 난 스파크 관련 기사를 오려서 거실 벽에 붙이는가 하면, 비가 오는 날이나 이른 아침에도 쉐보레의 대리점을 찾아가 직원에게 차에 대해 이것저것 물어보고, 앉아보며, 시운전하기를 반복한다. 어느덧 노트에는 스파크에 대한 메모가 빼곡히 적혀 있는 모습이 보인다. 가족들과 함께 하는 식사자리에서도 아들이 "아버지 요새 차 보러 다니세요?"라고 물으면 신구의 아내는 "말도 마라 논문을 쓰신다"고 웃으며 대답한다.

이를 보는 사람들은 '경차를 고르면서 뭐 저렇게까지 따지나' 하고 생각하지만, 마지막에 그 이유를 알게 되었을 때 마음이 뭉클해진다. 바로 손녀에게 선물로 줄 차를 고르기 위한 노력이었던 것이다. 손녀가 생애 첫 차를 할아버지에게 선물로 받고 좋아서 어쩔 줄 몰라 하며 신구에게 안기자 그는 흐뭇하게 미소 짓는

▲많은 감동을 준 쉐보레의 스파크 광고(출처: 한국지엠)

||||공

다. 마지막에 손녀가 차를 몰고 벚꽃 길을 달릴 때 "스파크에는 소중한 사람이 탑니다"라는 자막이 나오며 광고는 끝난다. 따뜻한 가족애와 함께 경차 중 안전성이 가장 높은 차로 평가된 스파크의 장점을 잘 살린 광고였다. 이 광고는 그 우수성을 인정받아 아시아 최고의 광고제로 손꼽히는 스파익스 아시아(Spikes Asia)에서 은상을 받았다.

병뚜껑으로 하는 국제전화

2014년 칸 광고제에서 동상을 수상한 코카콜라의 '헬로, 행복(Hello Happiness)' 캠페인도 좋은 사례이다. 아랍에미리트의 공사현장에서 일하는 동남아 노동자의 하루 평균 월급은 6달러에 불과하다.[18] 이들에게는 가족과 통화하는 게 고된 노동 가운데 얻는 유일한 행복이지만 전화요금이 너무 비싸(0.91달러/1분) 쉽게 엄두를 낼 수 없는 상황이다.

이에 코카콜라는 콜라 뚜껑 1개를 넣으면 3분 동안 무료로 통화가 가능한 키오스크(kiosk) 4개를 노동자들의 숙소에 설치하고, 실제 그들이 가족과 전화하면서 행복해 하는 모습을 촬영한 후 이를 인터넷에 배포했다. 콘텐츠에 감동한 소비자들은 캠페인을 응원하는 메시지를 남김과 동시에 소셜미디어를 통해 적극적으로 지인들과 해당 영상을 공유했고, 며칠도 채 지나지 않아 동영상의 조회수는 270만 건을 넘어섰다.

가족과 함께할 시간은 얼마?

마지막으로 소비자들은 이성적 또는 감성적 깨달음을 주는 유용한 콘텐츠에도 적극적으로 반응한다. 가령 우리가 잘 몰랐던 바나나의 효능, 뭉친 어깨를 간단하게 풀 수 있는 노하우, 인천공항의 숨겨진 서비스를 이용하는 방법 등 소위 '지적 깨달음'을 주는 꿀팁에 대해 소비자들은 적극적으로 반응한다. 또한 잊고 지내던 누군가에 대한 고마움을 다시 생각해보도록 감성적인 깨달음을 주는 콘텐츠도 효과적일 수 있다.

깨달음과 관련된 대표적인 사례가 삼성생명의 '가족 시간 계산기' 캠페인이다.[19] 이 영상은 "혹시 생각해 보셨나요? 당신에게 얼마의 시간이 남아있는지"라는 문장을 보여주며 시작된다. 2014년 10월 13일 건강검진센터에서 의사가 문득 남은 시간이 1년이라고 이야기한다. 큰 병에 걸린 줄 알고 깜짝 놀란 참가자들에게 건강검진 결과 서류를 건네며 잠시 읽어보라고 하고 의사는 자리를 떠난다. 결과표에는 인간의 평균 수명을 기준으로 일하는 시간, 자는 시간, TV 및 스마트폰 보는 시간, 그 외 혼자 보내는 시간을 다 빼고 나면 가족과 함께할 시간이 얼마라는 계산식이 적혀 있다. 건강검진 전 작성한 자가관리 문진표를 토대로 계산된 가족과 함께 보낼 수 있는 남은 시간이었다. 큰 병으로 시한부 선고를 받은 줄 알았던 참가자들은 안도의 한숨을 내쉬면서도 한편으로 가족의 사진을 보면서 바쁘다는 핑계로 소원했던 가족과의 관계를 돌아보고 눈물을 흘리게 된다는 내용이다.

영상은 "지금, 가족 시간 계산기로 확인해보세요"라는 메시지와 함께 시청자들이 자신의 남은 시간을 직접 계산해 볼 수 있는 링크를 보여주며 끝난다. 이 영상은 공개된 지 한 달 만에 조회수가 700만 회를 넘기는 뜨거운 반응을 이끌어냈다.

왜
공유할까?

지금까지 우리는 '의외성, 나와의 관련성, 감동, 깨달음'의 특성들을 가진 콘텐츠들이 소비자들의 감정적 반응을 강하게 유도할 수 있으며, 소셜미디어에서 공유 이상의 참여 수준을 끌어낼 가능성이 높음을 알게 되었다. 그렇다면 소비자들은 왜 소셜미디어에서 이러한 콘텐츠들을 공유하려고 하는 것일까?

성서에 나오는 인류 최초의 '공유' 사건에 대해 한번 생각해보자. 인류 최초의 여성인 이브는 뱀에 속아 금지된 선악과를 먹었고, 이를 남성인 아담에게도 권했다. 이브는 왜 아담과 선악과를

'공유'했을까? 공범자를 추가하여 심리적 안정을 찾기 위해서라는 지나치게 부정적인 해석을 제외한 후 추론해볼 때 크게 두 가지 이유가 있는 듯하다. 하나는 아담과의 '관계'가 돈독해지길 바라는 마음이고, 다른 하나는 새로운 것을 남보다 빠르게 접하고 이용하는 조기수용자(early adopter)로서의 "자아 이미지를 아담에게 표현"하기 위한 것이 아닐까? 오늘날 소셜미디어에서의 콘텐츠 공유도 이와 비슷한 두 가지 이유에서 주로 발생한다고 할 수 있다.

첫 번째 동기: 관계를 향한 욕구

먼저, 소비자는 타인과 상호작용을 통해 관계를 유지하거나 개선하기 위해서 콘텐츠를 공유한다. 우리는 친구들에게 의견을 구하거나 그들이 관심을 가질 만한 소재로 대화를 나눌 수 있는 경우, 콘텐츠를 적극적으로 공유한다.

예를 들어 페이스북에서 친구에게 유용한 콘텐츠를 발견하면 태그를 걸어 친구를 소환(?)하고 이를 공유함으로써 도움을 주고자 한다. 이러한 공유의 경험은 서로에게 호의를 느끼게 하고 바쁜 일상으로 인해 오프라인에서 자주 보지 못하더라도 끈끈한 관계를 유지하는 데 도움을 줄 수 있다. 아주 오랜만에 만난 사람도 페이스북에서 자주 콘텐츠를 공유할 경우, 관계가 별로 어색하지가 않다. 따라서 소셜미디어 마케팅 전략을 기획하는 경우, 이러한 사회적 동기를 좀 더 적극적으로 자극할 필요가 있다. 이를테면 친구 소환을 적극적으로 유도하는 이벤트를 진행하거나 공통의 관심을 가진 사람들을 모으고 대화를 할 수 있는 공간을 제공하는 것도 좋은 전략이 될 수 있다.

두 번째 동기: 자기과시에 대한 갈망

한편, 소비자들은 자아 이미지를 표현하기 위한 의도로 콘텐츠를 적극적으로 공유하기도 한다. 예를 들면 남들이 모르는 사실을 가장 빨리 찾아내 보도(?)함으로써 쿨헌터(coolhunter)의 이미지를 얻기를 바라는 경우, 사회적 선(善)과 관련된 콘텐츠를 공유함으로써 자신이 얼마나 사회 정의에 관심이 많고 바람직한 가치관을 가지고 있는지를 보여주고 싶은 경우, 내가 가진 지식수준이 얼마나 높은지 알리고 싶은 경우에 소셜미디어를 통해 적극적으로 정보를 공유할 가능성이 높다.

우리가 문화 공연을 볼 때나 시각적으로 매우 자극적인 음식

(예: 치즈로 뒤범벅된 요리)을 먹을 때 그 사진을 인스타그램과 같은 시각적 이미지를 중심으로 하는 소셜미디어에 적극적으로 공유하는 것도 내가 얼마나 우아하고 멋진 삶을 살고 있는지 뽐내기 위함이다. 소위 말하는 '있어빌러티(있다+ability)'를 자극하는 콘텐츠가 인기가 높다는 이야기다.

이를 반영해 2016년 하나투어는 '하루만 허세'라는 상품을 출시했다.[20] 전체 여행 일정에서 딱 하루만 우아하고 품격 있는 사치를 누릴 수 있게 기획한 상품으로 소위 소셜미디어에 공유할 콘텐츠를 의도적으로 만들어주고자 한 것이다. 이 상품의 이용자는, 이를테면 전 일정을 "김생민의 영수증"이라는 프로그램을 연상시킬 정도로 아주 알뜰하고 검소하게 보내다가 마지막 하루만 고급 호텔에서 투숙하고 귀국길도 호텔 전용차량을 타고 공항까지 가는 식으로 작은 허세를 누릴 수 있다. 해당업체 관계자는 적극적인 홍보를 하지 않음에도 불구하고 이 상품이 전체 배낭여행 상품의 약 3% 정도를 차지하고 있어 앞으로도 잠재력이 클 것으로 평가하고 있다. 일반적으로 유교문화권에서 허세를 졸부들이 하는 부정적 행동으로 인식하는 것과 달리, 소셜미디어에서 노출되는 작은 허세는 오히려 애교 섞인 귀여움으로 받아들여지는 듯하다. 따라서 이제 기업들은 이런 작은 허세를 자극할 수 있는 마케팅 전략들을 좀 더 적극적으로 고민해볼 때이다.

만들어주는
사람?
골라주는
사람!

　　　　　사실 브랜드 콘텐츠가 공유를 유도할 만한 특성들을 갖추고, 소비자의 사회적 동기를 자극할 수 있다고 해서 모두가 다 소위 말하는 바이럴 콘텐츠가 되는 것은 아니다. 앞서 잠시 언급한 유튜브의 트렌드 매니저인 알로카는 콘텐츠의 폭발적인 확산에는 새로운 것을 대중에게 소개하는 유행 선도자(tastemakers)의 역할이 매우 중요하다고 말한다. 요세미티 국립공원에서 찍은 평범해 보이는 쌍무지개 영상이 2,300만의 조회 수를 달성하게 된 깃은 미국 ABC방송의 유명 쇼 호스트인 지미 키멜(Jimmy Kimmel)이 자신의 소셜미디어에 공유했기 때문이다.

이처럼 소셜미디어에서 많은 팔로워를 가진 영향력 있는 인물을 소셜 인플루언서(Social Influencer)라 부른다.

소셜 인플루언서란?

전문가들은 미국의 경우 인플루언서를 활용한 마케팅 규모가 점점 더 성장해 2019년에는 인스타그램에서만 20억 달러(약 2조 1,000억 원) 규모의 시장이 형성될 것으로 추정하고 있다.[21] 하지만 단순히 팔로워 수가 많다고 마케팅에 유리한 인플루언서라고 단정하기는 어렵다. 가령 빅토리아 시크릿의 모델처럼 섹시한 여성의 경우 팔로워가 1,000만이 넘는 경우도 있지만, 그 대부분이 그녀가 착용하는 제품이 아닌 그녀의 몸매에 관심이 있는 남성들일 가능성이 있다. 따라서 인플루언서 자신이 아닌 제품의 가치를 부각시킬 수 있는 인물을 마케팅에 활용하는 것이 중요하다. 특히 자신의 팔로워들이 관심을 가질 만한 제품을 선택해 소개할 수 있는 능력을 가지고 있는지가 바이럴 마케팅의 성패에 중대한 영향을 미칠 수 있다. 즉, 인플루언서의 큐레이션(curation) 능력이 매우 중요하다.

중요성을 더해가는 큐레이터

행동경제학자 슐로모 베나치(Shlomo Benartzi)는 정보과잉, 홍수의 시대를 다음과 같이 비유했다.[22] 과거가 수도꼭지에서 한 방울씩 떨어지는 물을 마시기 위해 여러 사람이 줄을 서는 시대였다면, 오늘날은 한 사람의 입에 소방호수를 밀어 넣고 숨도 쉬지 못할 만큼 많은 양의 물을 들이붓는 시대라고. 베나치는 물을 많이 가진 자가 아니라 내가 먹기 좋을 만큼 물의 양을 줄여주는 자가 새로운 가치를 창출할 수 있는 시대가 도래했다고 말한다. 이때 나에게 필요한 만큼의 양질의 물을 골라주는 자가 바로 큐레이터이다.

어쩌면 이제 새로운 것을 창조하는 크리에이터(creator)에서 상대방이 원하는 것을 선별해주는 큐레이터로 헤게모니가 이동하고 있는지도 모른다. 이는 〈아트리뷰(ArtReview)〉라는 영국의 매거진에서 선정한 '미술계에서 가장 영향력 있는 인물 100인' 가운데 1위가 화가도 조각가도 아닌 한스 울리히 오브리스트(Hans Ulrich Obrist)라는 큐레이터였다는 사실을 통해서도 잘 드러난다.[23]

이 책이 여러분을 만날 수 있었던 것도 수차례 큐레이션의 과정을 거친 결과이다. 필자가 아무리 뛰어난 문장력으로 글을 쓰는 크리에이터라 할지라도 사람이든 기계든 큐레이터가 그 가치를 발견해주지 못한다면 여러분들에게 결코 쉽게 다가가지 못한다. 오늘날에는 점점 더 많은 사람들이 직접 콘텐츠를 검색해서 정보를 얻기보다 남들이 골라준 콘텐츠를 소비하는 이른바 소셜 뷰어(Social Viewer)가 되어가고 있다. 예를 들면, 이제 많은 사람들이 신문기사를 검색해서 보지 않고 지인이 소셜미디어에 공유한 기사를 읽는다. 따라서 소셜미디어 마케팅의 성공은 소셜 인플루언서의 큐레이션에 브랜드 콘텐츠가 포함될 수 있는지에 달려 있다 해도 과언이 아니다. 이들을 통해 확산된 콘텐츠들이 창의적인 일반 대중을 만나 새롭게 재창조될 때 진정한 바이럴 마케팅의 성공 그림이 완성된다.

스스로
즐길거리를
만들다

상어가족이 뭔데?

2017년 한 해 동안 유튜브에서 한국인들이 가장 많이 본 동영상 1위가 무엇인지 아는가? 바로 핑크퐁에서 제작한 유아 콘텐츠 "상어가족"이다. 총 27번의 "뚜루룻뚜루"라는 후렴구를 반복하며 상어 가족이 총출동하는 모습을 그린 이 노래는 최초에는 유아를 타깃으로 제작되었으나 세대와 국가를 초월한 인기를 끌고 있다. 유튜브 누적 조회수로 무려 15억 회를 기록했으며, 2017년 12월에는 말레이시아 최대 미디어 기업인

||||| 공

아스트로 그룹과 계약을 맺고 미디어뿐 아니라 캐릭터 사업도 추진하고 있다.[24] 국내에서도 프랜차이즈 외식기업인 SPC에서 "상어가족" 케이크를 출시해 폭발적인 인기를 끌고 있으며, 매일유업에서는 '매일우유 저지방2%' 제품의 패키지에 "상어가족" 캐릭터를 그려 넣은 핑크퐁 스페셜 에디션을 출시했다. 또한 "핑크퐁과 상어가족"이라는 어린이 뮤지컬이 제작되어 인기몰이를 하고 있다.

이 콘텐츠가 이처럼 큰 성공을 거둘 수 있었던 이유는 무엇일까?[25] 결론부터 말하면, 중독성 있는 노래와 율동, 유행을 선도하

▲유튜브에서 한국인이 가장 많이 본 동영상 "상어가족"(출처: 스마트스터디)

는 소셜 인플루언서를 통한 확산, 창의적인 일반 대중들의 리메이크가 성공의 결정적 요소로 작용했다고 할 수 있다.

재창조의 가능성

전문가들은 무엇보다도 패러디하기 용이한 중독성 있는 후렴구가 성공에 큰 역할을 했다고 한목소리로 이야기한다.[26] 정덕현 대중문화 평론가는 〈일요신문〉과의 인터뷰에서 "콘텐츠가 꽉 차 있으면 소비자의 참여가 어렵습니다. 오히려 빈 구석이 많거나 결정된 것이 별로 없을 때 참여가 쉽습니다. '상어가족'엔 빈 공간이 많습니다. 다양한 변주가 빈 공간을 메우면서 파급력이 커졌습니다"라고 성공 비결을 분석했다.

또한 단순한 동작으로 따라 하기 쉬운 "상어가족"의 율동도 성공에 적지 않은 역할을 했다. 중국 어느 초등학교의 영어 수업시간에 학생들이 단체로 '베이비샤크(baby shark)'를 외치며 율동을 따라 하는 동영상이 화제를 모았으며, 인도네시아를 비롯한 세계 각국의 성인들이 여러 버전으로 패러디한 율동 영상을 유튜브에 공개했다. 한국인들은 우리나라의 유아 콘텐츠에 열광하는 외국인들이 신기해서 더욱 적극적으로 이러한 영상들을 찾아 시청한 것으로 보인다. 음악과 율동은 사실 국가 간 경계를 허무는 공통언어의 역할을 한다.

"상어가족"의 경우 가사 내용이 많지 않고 율동도 어렵지 않았다는 점에서 전 세계 누구나 쉽게 따라 할 수 있는 장점을 가진 콘텐츠임에 분명하다. 한편, "상어가족"의 세대를 초월한 확산에는 유행선도자의 역할이 있었다. 가수 윤종신이 부른 노래 영상의 조회수가 무려 450만 건을 넘었고, 여성듀오 인디밴드인 제이레빗이 부른 영상의 조회수도 300만 건을 넘었다. 특히 이러한 성인 가수들이 리메이크한 영상을 2534세대에서 많이 시청한 것으로 나타났다. 이를 본 성인들이 단순한 관망자인 아이들과 달리 각종 패러디 버전을 직접 만들고 공유하였다는 점에서 유행선도자의 역할의 중요성이 더욱 부각된다.

수요일을 잡아라

지금까지 우리는 소셜미디어 시대에 중요한 두 번째 핵심코드 인 '공유'에 대해 살펴보았다. 콘텐츠를 단순 소비하는 관망자를 크리에이터 수준까지 끌어올리는 일은 결코 쉬운 일이 아니다. 덴마크의 소셜미디어 전문가인 야콥 닐슨(Jakob Nielsen)은 브랜 드가 배포한 콘텐츠를 관망하기만 하는 소비자의 비율이 약 90% 이며, 적극적으로 콘텐츠를 재생산하는 소비자의 비율은 단 1% 에 불과하다고 말한다.

그럼에도 불구하고 여전히 소셜미디어에서 명성을 떨치고 있 는 브랜드 콘텐츠들은 분명히 존재한다. 소셜미디어 마케팅의 목 표를 WTP의 2단계인 가입자 확보로 세워서는 결코 이들과 같은 성공을 거둘 수 없다. 이는 결국 기업들이 소셜미디어 마케팅의 무용론을 주장하며 포기하게 만들 가능성만 높일 뿐이다. 물론 여기서 소개한 공유를 위한 콘텐츠의 네 가지 특성들과 소비자의 두 가지 사회적 동기, 소셜 인플루언서의 중요성, 창의적인 대중 들의 재창조 이외에도 크고 작은 마케팅 팁들이 존재한다.

예를 들어 공유의 타이밍도 중요하다. 일주일 가운데 소셜미디어의 공유가 가장 활발한 요일은 수요일이며 수, 목, 금 3일 동안 집중적인 홍보를 해야 확산이 빨라질 수 있다. 하지만 이런 작은 팁들은 소셜미디어 전문 광고대행사들이 충분히 우리에게 조언해줄 수 있다. 그들에게 맡기면 된다. 따라서 마케터들은 이 책에서 제시한 공유를 위해 필요한 중요한 원칙들이 지켜지고 있는지, 대행사가 제안한 캠페인 기획에 이들이 포함되었는지를 판단할 수 있는 눈을 가질 필요가 있다.

CODE 3.

공명

중요한 건 울림이 있는 메시지다

우리 딸이 상담해드릴 예정입니다

얼마 전 GS칼텍스가 실행한 '마음이음 연결음' 캠페인이 화제가 되었다. 상담 여직원들의 통화 연결음을 그녀들의 딸, 아빠, 남편 등의 목소리로 바꾸어 "소중한 우리 엄마(딸, 아내)가 상담해드릴 예정입니다"라고 안내한 결과, 고객들의 언어폭력이 크게 줄어들고 상담 여직원들의 정신적 건강상태가 호전되는 결과가 확인되었다. 이 캠페인을 실행하는 5일 동안 실제로 상담 직원들의 스트레스는 54.2% 감소했으며, 고객의 친절한 한마디는 8.3% 증가하였고, 고객들에게 존중받는 느낌은 25% 증가한 것으로 확인되었다.

'세상을 바꾸는 에너지' 캠페인

'마음이음 연결음' 캠페인은 사회적 약자로 감정노동을 하면서도 고용불안으로 큰 목소리 한번 제대로 내지 못하던 상담 직원들의 마음속 상처를 다시 한 번 생각해보게 하는, 매우 울림이 큰 캠페인이었다. 상담 직원들이 누군가의 엄마이고, 아내이며, 딸일 수 있다는 생각은 그녀들을 그동안 갑을 관계로만 바라보던 사람들의 마음속 깊숙이 파고들었고 소셜미디어에서 상당한 파급효과를 보여주었다.

또한 "세상을 바꾸는 에너지"라는 주제로 진행된 이 캠페인은 "I am your energy"라는 GS칼텍스의 브랜드 슬로건을 소비자들

▲GS칼텍스의 마음이음 연결음(출처: GS칼텍스)

공

에게 한 번 더 효과적으로 각인시킬 수 있었다는 점에서 매우 성공적인 캠페인으로 평가받고 있다. 해당 영상은 빠른 속도로 확산, 공유되면서 1,300만 회 이상의 조회수를 기록했고, 이 광고를 기획한 대행사인 애드쿠아 인터렉티브는 '2017 대한민국 광고대상'에서 5관왕을 차지할 수 있었다.

새 시대를 향한 기업의 노력, 브랜드 저널리즘

최근에는 이처럼 기업들이 단순히 소비자의 오감을 자극하는 엔터테인먼트 위주의 접근보다는 소비자가 공명(resonance)할 수 있는 브랜드 콘텐츠를 개발하기 위해 노력하고 있다. 공명의 사전적 의미는 "남의 사상이나 감정, 행동 따위에 공감하여 자기도 그와 같이 따르려 함"이다. 즉, 공명은 행동에 변화를 줄 수 있는 깊은 공감의 결과로 볼 수 있다.

몇 해 전부터 국내외 기업들은 이른바 브랜드 저널리즘(brand journalism)을 도입해 소셜미디어가 지배하는 복잡한 디지털 시장 환경에 좀 더 효과적으로 대응하고자 노력해왔다. 브랜드 저널리즘은 전문가들마다 개념적 해석에 다소 차이가 있으나, 일반적으로 기업이 직접적으로 브랜드를 홍보하기보다 방송국의 보도국과 같이 전문적인 미디어 환경을 구축하고 브랜드의 목표고객들이 관심을 가질 만한 콘텐츠를 꾸준히 생산해 그들이 브랜드 가까이에 늘 머물 수 있게 해야 한다는 개념이다. 실제로 코카콜라는 제품과 기업 설명 중심의 홈페이지를 전면 개편해 스포츠, 문화, 음식 등 다양한 콘텐츠를 꾸준히 제공할 수 있는 디지털 매거진 형태의 '코카콜라 저니(Coca Cola Journey)'를 출범해 화제가 된 적이 있었다.

마신
브랜드
저널리즘

하지만 최근에는 브랜드 저널리즘의 효율과 효과에 의문이 제기되고 있다. 2016년 3월 더글라스 홀트(Douglas Holt) 교수는 HBR에 "Branding in the age of social media(소셜미디어 시대의 브랜딩)"이라는 제목의 글을 발표하면서 비싼 돈을 들여 만든 브랜드 콘텐츠가 성공하지 못하는 이유와 이를 해결히기 위한 새로운 선략석 대안을 제시했다. 그는 브랜드 저널리즘이 고전하는 가장 중요한 이유를 '브랜드가 제작하는 콘텐츠가 소비자들에게 재미를 제공하는 데(즉, 엔터테인먼트) 주된 초점이 맞춰져 있기 때문'이라고 설명한다. 브랜드 콘텐츠는 태생적으로 브랜드 콘셉트와의 통합성을 고려해야 하기 때문에, 주제 및 소재 선택에 있어 상대적으로 제한적이다. 따라서 소비자 개개인에게 재미를 줄 수 있는 맞춤형 콘텐츠를 꾸준히 만들어가려는 브랜드 저널리즘의 노력은 말처럼 그리 쉬운 일이 아니다.

기업을 패퇴시킨 1인 방송인들

홀트 교수는 그 증거로 유튜브의 경우 구독자 수를 기준으로 할 때 상위 500위권에 포함된 기업 브랜드의 수가 불과 3개 밖에 되지 않는다고 말한다. 그럼 상위권을 차지하는 것은 무엇일까? 대부분 입담을 뽐내는 1인 방송인들이다.

이를테면 스웨덴 출신의 퓨디파이(PewDiePie)라는 젊은 청년은 자신이 비디오 게임을 하는 장면에 재밌는 해설을 곁들여 약 6,000만 명의 구독자를 확보했다. 방탄소년단(BTS)이 글로벌 아이돌 그룹으로 성장하는 데에는 퓨디파이의 역할이 적지 않았다는 평가도 있다. K-POP에 전혀 관심이 없던 퓨디파이는 여자 친구가 방탄소년단의 열광적인 팬인 이유를 도대체 알 수 없다며 그 이유를 분석하는 방송을 진행했고, 그 과정에서 퓨디파이 자신도 방탄소년단의 매력에 빠져드는 모습을 보였다.[1] 이후 퓨디

▲대도서관의 방송 장면[출처: 대도서관 유튜브 채널(https://www.youtube.com/buzzbean11)]

파이의 팔로워가 방탄소년단의 뮤직비디오를 찾아보고 공유함
으로써 빠르게 확산되었다고 한다.

국내에서도 '대도서관'과 같이 자신이 직접 게임을 하는 모습
을 재미있게 중계하는 1인 미디어 콘텐츠가 크게 관심을 모으
고 있다. 유튜브 애청자가 아니라면 한 번도 들어본 적이 없을지
모르지만 그들의 광고 수입은 수억에서 수십억에 이른다. 심지
어 2016년 9월 동대문디자인플라자(DDP)에서 개최된 'Youtube
FanFest 2016'에서는 인기 유튜브 크리에이터들을 초대해 팬미
팅 행사를 진행하기도 했는데, 인기 연예인 못지않은 열광적인
팬들의 반응을 볼 수 있었다.

그녀가 이름을 불러주는 값

최근 중국에서 성공하려면 '왕훙 마케팅'이 필수적이라는 이야기를 자주 들을 수 있다. 왕훙은 온라인 유명인사를 의미하는 '왕뤄훙런(網絡紅人)'의 약자로, 1인 방송인으로 소셜미디어에서 막대한 팔로워를 거느린 영향력 있는 인물을 의미한다. 그 대표적인 인물이 파피장(papi醬)으로 중국의 소셜미디어인 웨이보의 팔로워만 해도 무려 1,500만 명에 이른다.

2016년 4월에는 그녀의 가치를 세상에 알리는 놀라운 사건이 있었다. 파피장은 자신의 소셜미디어에 홍보하기를 희망하는 브랜드들의 경매입찰을 받았는데, 시작가가 한화로 약 3,800만 원이었으며 중국의 화장품 업체인 리런리장(麗人麗粧)이 약 38억 8,000만 원에 낙찰 받았다. 그녀는 재미있는 복장과 표정으로 비속어를 찰지게(?) 사용하면서 자신의 일상(연애, 결혼, 직장 생활 등)에 대한 소소한 이야기들을 단 5분 내외로 늘어놓는데, 최고 동영상 조회수는 2억 9,000만 회를 넘는 것으로 알려져 있다. 이는 브랜드 콘텐츠를 개발하기 위해 유명 영화감독과 배우를 섭외하는 등의 엄청난 투자를 하는 기업들과 매우 대조적인 모습이다.

유튜브 채널에서 기업들이 고전하는 모습은 국내 상황도 크게 다르지 않다. 다만 중국과 달리 1인 방송인들보다는 K-POP을 중

|||| 공

심으로 하는 음악 콘텐츠(예: SMTOWN)와 어린이들이 좋아하는 장난감의 놀이법을 소개하는 채널들(예: ToyPudding)이 더 큰 관심을 받고 있다.[2] 요컨대, 본질이 엔터테인먼트가 아닌 기업 브랜드들은 매우 유연한 콘텐츠의 제작과 유통이 가능한 1인 방송인들과 경쟁하는 데 분명한 한계가 있는 것으로 보인다.

함께하는
마케팅:
문화 브랜딩

그렇다면, 과거와는 여러 면에서 구분되는 소셜미디어 시대를 맞이한 기업 브랜드가 성공하기 위해 취해야 할 커뮤니케이션 전략은 무엇일까? 우리는 그 답을 공명에서 찾을 수 있다.

앞서 언급한 홀트 교수는 새로운 브랜딩의 돌파구를 제시하면서 브랜드 콘텐츠가 소셜미디어 시대에 적합한 문화적 연관성(cultural relevance)을 가져야 한다고 주장한다. 이른바 '문화 브랜딩(cultural branding)' 전략이다.

힘을 뭉치는 소비자들

소셜미디어 시대에는 공통의 관심을 가진 이들의 온라인 공통체를 의미하는 '디지털 클라우드(digital cloud)'가 넘쳐난다. 자신들의 욕구를 섬세하게 반영하지 못하는 브랜드 저널리즘의 콘텐츠를 외면하는 이들은, 누군가가 관심을 끄는 주제를 제안할 경우 언제라도 조건 없이 결집할 수 있는 힘을 가지고 있다.

만약 브랜드가 모래알처럼 흩어진 집단들을 한곳에 모을 수 있는, 즉 공명할 수 있는 주제를 찾아 이를 이슈화하는 데 성공할 경우, 대규모 집단이 향유하는 새로운 문화의 혁신 과정에서 중심에 설 수 있다. 가령 브랜드가 동 시대를 함께 살아가는 사회구성원들이 그동안 한 번도 생각해보지 못했던 심각한 문제를 찾아 이슈화하거나, 대부분 알고는 있지만 상황적 제약으로 누구도 나서지 못해 불편한 진실로 남겨진 주제를 전면에 부각시키면서 함께 해결해나갈 것을 제안하는 것이다.

과거에는 다양한 사회 문화적 이슈에 대한 정보를 공유하는 일 자체가 지금처럼 쉽지 않았고, 소비자가 해당 이슈를 우연히 접하고 이에 공명한다 할지라도 자신이 소속된 소규모 집단의 노력으로는 사회적 변화를 이룰 수 없다는 생각 때문에 변화를 위한 구체적인 노력과 실천을 할 수 없었다. 하지만 소셜미디어 덕분에 정보의 공유 속도가 매우 빨라지면서 사람들이 공간을 초월해 결집하거나 사회적 문제 해결에 힘을 합칠 수 있게 되었다. 최근 소셜미디어를 통해 전 세계의 여성들이 그동안 암암리에 받아 왔던 성폭력을 고발하는 "#metoo(나도 당했다)" 캠페인은 소셜미디어가 소비자 공명에 미치는 강력한 영향력을 잘 보여준다.

기업, 선(善)을 외치다

따라서 오늘날과 같은 소셜미디어 시대에 필요한 브랜딩 전략은 브랜드가 사회적 문제를 제기하고 이를 해결하기 위해 하위 디지털 클라우드의 결집을 유도할 수 있는 리더십을 발휘하는 것이다. 앞서 이야기한 GS칼텍스의 '마음이음 연결음' 캠페인도 같은 맥락에서 이해할 수 있다. 여기에서 브랜드는 상담원으로 일하는 감정 노동자들의 인권에 대해 우리 모두가 한 번 더 생각해보자고 말한다. 리더십을 발휘해 '우리가 조금씩 노력한다면 사회적 약자들이 좀 더 행복하게 살 수 있도록 도와줄 수 있다'는 자신감을 갖도록 만드는 것이다.

브랜드들이 선택할 수 있는 사회적 주제들은 매우 다양하다. 예를 들면 파타고니아(Patagonia)는 환경 피해를 최소화할 수 있는 친환경 의류를 입어야 한다고 주장하며 살충제와 농약을 전혀 사용하지 않은 100% 유기농 면 소재를 활용하는가 하면, 환경에 피해를 줄 수 있으므로 "꼭 필요하지 않으면 불필요하게 재킷을 구매하지 말라"는 디마케팅(demarketing) 광고 메시지를 소비자들에게 적극적으로 전달하고 있다.

두려움
없이
살다

2016년 스웨덴의 여성용품 전문기업인 '리브레세(Libresse)'는 생리대 브랜드인 '보디폼(Bodyform)'의 광고를 위해 유튜브에 "어떤 피도 우리를 멈추게 해서는 안 된다(No blood should hold us back)"는 제목의 1분 22초짜리 영상을 올렸다.[3] 영상은 권투, 축구 등 격렬한 운동을 하는 여성들이 상대에 맞거나 부딪혀 몸 여기저기에서 피를 흘리면서도 이에 굴하지 않는 모습을 보여주다가 브랜드의 슬로건인 "두려움 없이 살라(Live Fearless)"는 문구로 마무리된다.

이 광고는 기존 생리대 광고들이 생리혈을 푸른색으로 표현하거나 흰색의 깨끗한 이미지를 부각시키면서 생리하는 날 걱정하지 않아도 된다는 소극적인 표현을 하는 것과 달리, 붉은 색의 피를 그대로 노출시키면서 하고 싶은 모든 것을 움츠리지 말고 적극적으로 하라고 이야기한다.

불편한 이야기를 밖으로 끌어내다

이 캠페인은 실제로는 명확한 근거가 없음에도 불구하고 운동을 하는 여성들 중 약 41.7%가 생리 중에 하는 운동이 몸에 해로울 것이라는 잘못된 인식을 한다는 조사 결과를 계기로 진행되었다고 한다. 해당 동영상은 2017년 국내 한 방송사의 토크쇼에서 생리에 대한 이야기를 주제로 다룰 때 소개되면서, 국내 여성들에게도 적지 않은 충격을 주었다.

물론 과거에도 생리가 부끄러운 것이 아니라는 것을 알리기 위한 소규모 여성 집단의 노력은 있었지만, 이를 공론화시키고 사회인식의 변화를 이끌어내는 데에는 실패했다. 최근 필자가 여대생들의 생리대 인식 실태를 조사하기 위한 좌담회(Focus Group Interview)를 참관했는데, 대부분의 여대생들이 여전히 편의점에서 생리대를 구매할 때 남자 직원이 있으면 불편하다고 이야기했다. 따라서 이 캠페인은 '여성의 생리에 잘못된 사회적 인식'이라는 누구나 알고는 있지만 공론화에 실패한 불편한 진실을 매우 성공적으로 문화 브랜딩에 활용한 사례라 할 수 있다.

마리몬드가 건네는 꽃

문화 브랜딩의 주제는 사회 문화적 맥락에 따라 달라질 수 있다. 환경문제와 같이 전 세계 대부분의 인류가 공감할 수 있는 사회적 문제뿐 아니라, 특정 국가에 한정된 이슈도 브랜딩의 훌륭한 주제가 될 수 있다. 그렇다면, 우리나라에는 어떤 사회적 이슈가 문화 브랜딩의 의미 있는 주제가 될 수 있을까? 아마도 위안부 할머니 문제만큼 모두가 공감하지만 여전히 해결되지 않고 있는 사회적 이슈도 없을 것이다. 이 주제를 제대로 선점한 브랜드가 바로 마리몬드(Marymond)이다.

2013년 자본금 525만 원으로 창업한 마리몬드는 2016년 45억 원의 매출을 올렸으며, 영업이익의 50%를 위안부 할머니들을 위해 기부하고 있다. 가수 겸 배우인 수지가 마리몬드의 핸드폰 케이스를 사용하는 것이 알려지면서 대중적으로 유명한 브랜드가 될 수 있었다. 물론 50%라는 기부율이 매우 높긴 하지만 단순히 번 돈을 기부하는 사회적 책임활동(Corporate Social Responsibility)이 그렇게 특별해 보이지는 않는다. 마리몬드의 문화 브랜딩은 단순한 기부가 아닌 할머니들의 상처에 공감하며 그분들의 마음을 전달하려는 노력에서 시작된다. 라틴어로 나비를 의미하는 마리포사(mariposa)에서 브랜드 이름을 생각해낸 것도 그 이유에서이다. 즉, 아름다운 꽃의 이야기를 널리 퍼뜨리는 나비처럼 할머니들의 마음속 이야기를 세상에 전파하고 싶은 의미를 담은 것이라 할 수 있다.

마리몬드는 위안부 할머니 한 분 한 분이 경험한 삶의 이야기를 깊이 있게 들여다보고, 각 할머니에게 가장 잘 어울리는 꽃을 선정하여 플라워 패턴을 개발하는 이른바 '꽃 할머니' 휴먼브랜딩 프로젝트를 진행한다. 이를 통해 선정된 시즌 플라워를 적용한 제품을 직접 판매하거나 제휴를 통해 라이선스 수익을 얻는다. 한 가지 플라워 패턴을 개발하는 데에는 약 2개월가량 소요된다고 한다. 할머니에게 가장 어울리는 꽃을 찾기 위해 할머니와 수차례 인터뷰를 해야 하고 여러 종류의 꽃이 가진 특징들(예: 꽃말 스토리)을 심도 있게 분석해야 하기 때문이다. 예를 들면, 10번째 시즌 플라워 패턴으로는 김복동 할머니의 목련이 선정되었다. '고귀함'의 꽃말을 가진 목련은 다른 꽃보다 먼저 피어나 계절을 인도하는데, 그 모습이 김복동 할머니가 살아온 삶의 모습과 닮

아서 선정되었다고 한다. 마리몬드가 개발한 플라워 패턴은 그들의 바람과 같이 나비가 되어 온 세상으로 퍼지고 있는 듯하다. 여러 브랜드들(예: 알라딘. 어퓨)이 착한 마리몬드의 브랜드 이미지를 빌리고자 앞 다퉈 콜라보 제품을 선보이고 있다.

깔창 생리대에서 생리컵으로의 진화

또 다른 국내 사례로는 월경용품과 관련된 비즈니스를 하고 있는 이지앤모어(EASE AND MORE)를 들 수 있다. 2016년 4월 이지앤모어는 저소득층 소녀들이 돈이 없어 생리대 대신 신발 깔창을 사용하는 현실에 문제를 제기하고, 이들을 돕기 위한 크라우드펀딩을 진행했다. 그 결과 이에 공감한 200명의 사람들이 참여해 600만 원가량을 모을 수 있었으며, 150명의 저소득층 소녀들에게 생리대를 지원했다.

이후 각종 언론에서 '깔창 생리대' 문제를 다루면서 무관심했던 많은 사람들의 가슴을 울렸고, 이는 적지 않은 사회적 변화를 가져왔다. 우선, 시장 독점구조에 따른 생리대 가격 적정성에 대한 논란이 제기되었다. 개당 331원인 한국의 생리대 가격이 OECD 다른 국가들에 비해(미국. 일본 181원) 유독 비싸다는 비판이 일어나, 당시 생리대 가격 인상을 고려하던 업체들이 계획을 철회하고 오히려 저가형 생리대를 출시하는 계기가 되기도 했다.[4] 또한 정부와 지방자치단체에서 저소득층 소녀들을 위한 생리대 지원 사업이 이루어졌고, 각종 단체와 개인 소비자들의 기부활동도 확산되었다.

하지만 최근 일회용 생리대의 유해 논란이 일면서 해당 제품을 저소득층 아이들에게 기부하는 것에 대한 의문이 제기되었다. 이는 이지앤모어가 단순히 생리대를 파는 것이 아니라 여성들의 건강한 월경 라이프를 만들겠다는 비전으로 확장하는 계기가 되었다. 이지앤모어는 월경용품 쇼핑몰 운영을 통해 600명의 저소득층 아이들을 돕는 동시에 여성 건강과 월경용품에 대한 각종 정보 콘텐츠를 제작·배포했으며 면 생리대 DIY 수다회, 월경컵 수다회 등의 오프라인 모임을 진행하기도 했다. 특히 월경컵의 경우, 국내 여성의 92%가 일회용 생리대를 사용하고 그중 67%가 부작용을 경험하면서도 별다른 선택지가 없어 일회용 생리대를 사용할 수밖에 없는 문제점을 해결하기 위한 노력에서 시작되었다. 그 결과 2017년 12월 7일, 마침내 식약청이 수입허가를 받아 미국 생리컵 브랜드인 '페미사이클(Femmycycle)'을 국내 최초로 판매할 수 있게 되었다.

이지앤모어의 안지혜 대표는 "저소득층 소녀들의 깔창 생리대

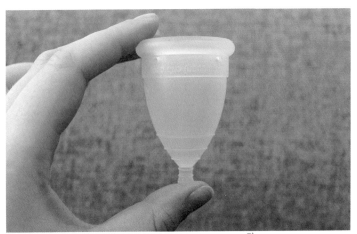

▲생리대를 대체할 수 있는 월경용품인 생리컵(출처: 위키피디아)[5]

문제에서 시작된 여성들의 월경 문제에서 한 걸음 더 나아가, 모든 여성들이 경험하는 생애 주기별 문제, 즉 월경, 임신, 출산, 완경에 관련된 다양한 문제를 해결하는 데 앞장서는 브랜드가 되고 싶다"고 말한다.

택배 기사를 위한 택배

한편, 2014년 8월 국내 최대 온라인쇼핑몰인 G마켓은 "택배기사님, 택배왔어요."라는 제목의 동영상을 유튜브에 공개했다.[6] 지

||||| 공

금까지 G마켓이 성장하는 데 기여해온 택배기사들을 위해 기획한 감동 이벤트 장면을 담은 영상이었다. 추석을 앞두고 업무에 지친 택배기사가 배달을 하고 트럭으로 돌아올 때, G마켓을 상징하는 초록색 리본을 달고 숨어있던 사람들이 나와 코믹한 춤을 추고 선물을 주는 등 이벤트를 한다. 처음에는 깜짝 놀랐던 택배기사들도 이내 행복한 미소를 짓거나 춤을 따라한다.

이 영상은 쇼핑몰이 택배기사에게 고마움을 표현하려는 의도에서 제작된 것이나, 그동안 택배기사에 대한 고마움을 잊고 지냈던 일반 소비자들에게도 큰 마음의 울림을 주었다. 또한 조금만 택배가 늦게 와도 화를 내고 짜증을 내던 자신의 모습을 되돌아보게 하는 계기가 되었다. 택배기사들은 하루에 12시간이 넘는 시간을 근무하고도 통상 월 200만원 안팎의 수입(2017 한국직업전망에 따르면 중위 50%의 평균임금이 182만원)을 올리는 것으로 알려져 있다.[7] 최근에는 좋지 않은 몸을 이끌고 업무를 강행하다 과로사 한 택배기사의 사연이 많은 이들을 안타깝게 했다.

2015년 G마켓은 '택배 트럭의 회춘'이라는 부제를 가진 "택배기사님, 택배왔어요"의 시즌2 영상을 유튜브에 다시 공개했다.[8] 이는 G마켓이 택배기사 자녀들의 도움을 받아 하루 동안 택배기사들이 효도여행을 즐기도록 하고, 그 사이 몰래 택배 트럭의 시트를 교환하거나 최신 오디오 시스템을 장착하는 등 택배 트럭을 회춘시킨다는 내용이다. 여행에서 돌아온 택배기사는 완전히 달라진 택배 트럭을 보고 감동하는 모습을 보여준다. 더불어 고객이 택배기사와 관련된 훈훈한 사연들을 소셜미디어에 올리면, 추첨을 통해 해당 택배기사들에게 선물을 주는 이벤트도 진행했다.

G마켓은 이러한 이벤트를 통해 협력사 직원들마저 돌보는 따뜻한 브랜드라는 이미지를 전달함과 동시에 택배기사와 관련된 사회적 이슈를 선점할 수 있었다.

브랜딩이
연예인을
만났을 때

앞서 언급한 문화 브랜딩 성공 사례들에는 한 가지 공통점이 있다. 바로 사회적 이슈를 부각시키는 캠페인을 벌이면서 유명 연예인을 모델로 활용하지 않았다는 점이다. 연예인 수지가 참여한 마리몬드의 경우에도 우연히 비즈니스에 공감한 그녀가 스스로 캠페인에 동참하고, 그 모습이 대중에 노출되면서 간접적인 홍보효과를 누린 것뿐이다.

그렇다면 우리는 이런 의문을 가질 수 있다. 유명 연예인을 의도적으로 문화 브랜딩에 활용하는 것도 긍정적인 결과를 가져올 수 있을까?

흑인 발레리나

스포츠용품 브랜드인 언더아머(Under Armour)의 문화 브랜딩 사례는 유명 연예인을 활용하는 것도 사회적 이슈와 주제에 따라 효과적인 전략이 될 수 있음을 보여준다.[9] 1970년부터 약 20년 간 나이키는 자신의 약점을 극복하고 도전정신을 발휘해 성공한 운동선수들의 이야기를 다루면서 도전과 관련된 문화적 아이콘으로 인식되어왔다. 하지만 2000년대 접어들면서 브랜드 저널리즘을 추구하는 다른 브랜드들과 마찬가지로 나이키 역시 엔터테인먼트적 요소에 지나치게 초점을 두게 되었고, 이에 따라 나이키와 도전의 연결고리가 조금씩 약해지고 있었다. 이 틈을 언더아머는 절묘하게 파고들었다. 남성의 도전정신을 주로 이야기했던 나이키와 달리, 상대적으로 사회적 약자인 여성들의 도전정신을 강조하며 새로운 도전의 아이콘이 되려는 야심을 가지고 문화 브랜딩의 캠페인을 집행한 것이다.

그중 가장 주목 받았던 캠페인이 바로 '나는 내가 원하는 것을 할 거야(I will What I want)' 캠페인이다. 미스티 코플랜드(Misty Copeland)는 가난한 어린 시절을 보낸 데다 흑인의 근육질 몸매를 가지고 있었다. 그 탓에 가냘픈 여성들에게 적합하다는 인식이 널리 퍼진 발레리나는 그녀가 범접할 수 없는 꿈이었다. 하지

▲흑인 발레리나 미스티 코플랜드

만 미스트는 이러한 사회적 편견을 깨고 세계 최고의 발레단으로 손꼽히는 아메리칸 발레 시어터(American Ballet Theater) 최초의 흑인 수석 발레리나가 된다. 그녀의 끝없는 도전 스토리가 이 캠페인에 담겼다. 동영상에 그녀가 등장하면서 춤을 추는 동안 발레아카데미의 입학 거절 편지 내용을 내레이터가 잔잔한 목소리로 읽어 내려간다. 하지만 그녀는 멈추지 않고 계속 발레 연습을 이어간다는 내용이다. 이 영상은 많은 여성들에게 큰 용기를 심어주었다.

슈퍼모델의 킥복싱

소셜미디어를 더욱 뜨겁게 달구었던 영상은 슈퍼모델 지젤 번천(Gisele Bundchen)의 킥복싱 도전이었다. 스포츠용품 브랜드인 언더아머가 화려한 빅토리아 시크릿의 스타모델이었던 번천과 광고 계약을 맺었다는 소식이 알려지면서 호기심 많은 번천의 일부 팬들을 제외한 대부분의 스포츠팬들이 냉소를 보냈다. 마치 우리나라 탤런트이자 영화배우인 이시영 씨가 아마추어 복싱대회를 참여한다고 선언했을 때와 비슷한 상황이었다.

흥미로운 것은 광고대행사가 소셜미디어상에 쏟아진 번천에 대한 모든 부정적 글들을 수집했고 이를 광고 동영상에 활용했다는 점이다. 영상에는 운동복을 입은 그녀가 킥복싱 연습을 하는 모습이 보이고, 그 뒤 배경으로 광고대행사가 수집한 온갖 부정적인 글들(예: '그녀가 잘하는 스포츠가 뭐야? 웃는 거?', '모델 일이나 잘하라고, 예쁜이' 등)이 프로젝터 영상에 하나 둘 스쳐 지나간다. 그동안 화려한 모델의 도전에 편견을 가졌던 많은 스포츠팬들도 이 동영상을 보고 그녀를 지지하게 되었다고 한다.

이처럼 문화 브랜딩에도 유명모델이 효과적으로 활용될 수 있다. 사회적 이슈를 다루는 브랜드들이 비싼 모델료를 지급하고 유명 스타를 캠페인에 활용해서는 안 된다고 생각하는 것도 어쩌면 우리의 또 다른 편견일 수 있다.

||||공

　　　　　사실 문화 브랜딩의 주제가 언제나 거창하고
심오할 필요는 없다. 물론 인류 공동체가 당면한 심각한 사회적
문제(예: 환경오염)에 대한 여론을 환기하거나, 사회적 약자를 돌
보거나, 부정적인 사회적 편견을 깨는 등의 내용을 담은 캠페인
은 아주 근사하다. 하지만 작은 것에서부터 시작해 세상을 긍정
적으로 바꾸려 하는 캠페인도 분명히 존재한다. 일상에서 느끼는
소소한 문제를 발견하고 이를 부각하는 형태의 전략이다. 이제부
터는 이런 '작은' 주제로 브랜드의 이미지를 끌어올린 사례를 소
개하겠다.

커피잔 2개로 함께하다

스위스의 식품업체인 네슬레의 커피 브랜드 '네스카페(NES-CAFE)'는 오래 전부터 이러한 소소한 주제를 테마로 한 문화 브랜딩으로 사람들의 마음을 따뜻하게 데워주고 있다. 네스카페는 "갈수록 우리의 삶이 개인주의화 되고 가까운 이웃과도 소통이 줄어든다"는 사회적 문제를 제기한다. 이는 네스카페가 강조하고 있는 커피를 '함께' 마시는 즐거움을 전달하기 위해서도 꼭 해결해야 하는 이슈이다. 따라서 네스카페는 오래 전부터 '연결(Connection)'을 주제로 한 다양한 캠페인을 진행해오고 있다.[10]

먼저 2014년 6월 '네스카페 팝업(Nescafe Popup)' 캠페인이 시작됐다. 지하철을 타기 전 무료로 나눠주는 신문에 접어서 커피잔 2개를 만들 수 있는 브로슈어를 끼워 넣은 것이다. 그리고는 "이른 아침에 혼자 신문을 읽는 것은 다소 외로울 수 있으니 대화를 위해 누군가를 초대해 보라"고 말한다. 커피가 대화를 시작하는 좋은 도구가 될 수 있다면서. 일반 종이컵과 달리 손잡이가 달린 빨간색의 네모난 네스카페 종이 커피잔은 정말 누군가에게 보여주며 커피 한 잔 함께 하자고 권하고 싶을 만한 예쁜 비주얼을 가지고 있다. '함께(together)'한다는 것의 소중함을 강조하는 캠페인이었다.

인사의 마법

　네스카페는 2015년 10월 '네스카페 인스턴트 커넥션(Nescafe Instant Connection)'이라는 타이틀의 후속 캠페인을 진행했다. 신호등 양쪽 출발점에 "함께 누르세요"라고 적힌 영상통화 기기를 설치하고 반대쪽 사람과 동시에 버튼을 누를 경우 기기가 에스프레소 기계로 변신하여 두 사람 모두에게 커피를 제공한다는 내용이다. 참가자들은 영상통화 기기를 통해 낯선 이와 반갑게 인사하고, 잠시 후 커피를 든 채 환하게 웃으며 다시 한 번 건너편에서 오는 상대에게 인사한다. 캠페인이 진행된 단 하루 동안 318쌍의 사람들에게 커피가 제공되었고, 33회의 하이파이브, 285회의 손 흔들고 인사하기, 839명의 웃음을 만들었다고 한다. 전혀 모르는 사람들끼리 커피를 통해 함께 대화를 시작하고 더 아름다운 세상을 만들어갈 수 있음을 보여준 캠페인이라 할 수 있다.

　2016년 4월에는 좀 더 직접적으로 함께 하는 즐거움을 느끼게 해주는 흥미로운 캠페인이 진행되었다. 바로 '이웃에게 인사하세요(Next Door Hello)' 캠페인이다. 영상은 우선 엘리베이터를 함께 타는 이웃들이 서로에게 인사도 하지도 않고 관심도 갖지 않는 모습을 보여준다. 여기에서는 오히려 약간의 경계심마저 느껴진다. 이어진 장면에서 "때때로 가장 가까운 사람이 가장 먼 곳에 있으며, 단지 필요한 것은 그들을 가깝게 만들어 줄 단 한 번의 기회이다"라는 자막이 나온다. 모두가 잠든 밤, 네스카페는 두 집의 베란다를 연결하는 테이블을 설치하고 그 양 끝에 네스카페 커피를 놓아둔다. 아침에 베란다에 나온 사람들은 깜짝 놀라지만, 금세 자기 앞에 놓인 커피를 마시며 서로에게 말을 걸고 인사한다. 또한 일부 사람들은 환하게 웃으며 같이 사진을 찍기도 한다. 마지막 장면의 대화 내용이 참 재미있다. "매일 밤 시끄러운 소리를 내는 것이 바로 당신이었군요"라고 한 여성이 웃으며 말한다. 이탈리아 밀라노에서 촬영된 이 영상은 아파트 문화에 익숙한 우리나라와도 크게 달라 보이지 않는다. 커피가 이웃을 연결해주는 훌륭한 매개체가 될 수 있음을 말해준다.

짧아지는 벤치

2017년 4월 가장 최근에 진행된 후속 캠페인은 '헬로벤치(Hello Bench)'이다. 네스카페 팝업스토어 앞 야외에 빨간색 바탕에 흰 글씨로 "네스카페"라고 쓰인 벤치 하나가 놓여있다. 일반적으로 사람들은 벤치의 양 끝 쪽에 떨어져 앉아서 커피를 마시거나 신문을 보게 마련이다. 이때 갑자기 벤치가 줄어들면서 양

공

쪽에 앉아있던 사람들이 서로 가까워진다. 간격이 좁아진 두 사람은 놀라면서 서로에게 인사를 건네고 대화를 시작한다는 내용이다. 마지막 메시지는 "거리를 좁혀서 진정한 연결을 경험해보세요". 네스카페는 오랜 시간 동안 사람들의 관계를 따뜻하게 만드는 '함께'의 키워드를 선점함으로써 문화 브랜딩에 성공할 수 있었다.

함정을 조심하라

하지만 사회적 이슈 제기를 통한 문화 브랜딩 전략을 사용한다고 해서 브랜드가 반드시 성공할 수 있는 것은 아니다. 문화 브랜딩은 자칫 소비자의 부정적 반응을 야기할 가능성도 있으므로 몇 가지 주의사항을 숙지해야 한다.[11]

한 점의 부끄러움도 없는가

문화 브랜딩을 할 때의 첫 번째 주의사항은, 사회적 이슈를 제기하는 데 있어 해당 브랜드가 한 점의 부끄러움도 없는가를 고려해야 한다는 점이다. 예를 들어, 멕시칸 푸드를 판매하는 패스트푸드점(Quick Service Restaurant)인 치폴레(Chipotle)는 우리가 아무 생각 없이 먹던 패스트푸드의 원재료가 어떻게 가공되고 공급되는지에 대한 문제를 제기했다. 이들은 열악한 환경에서 사육되는 돼지, 소 등의 축산물과 인위적인 화학 처리를 통해 재배되고 길러지는 농작물에 대한 경각심을 불러일으켰으며, 건강하며 지속가능한 먹거리를 위해 산업화 이전의 자연 농법으로 돌아가자(Back to the start)는 캠페인을 펼쳐 큰 호응을 얻었다. 이 캠페인은 칸 국제광고제에서 그랑프리를 차지하며 많은 경쟁 브랜드들의 부러움과 함께 경계를 받기도 했다.

하지만 이후 미국의 시애틀과 포틀랜드의 6개 치폴레 음식점에서 식사를 한 약 20명 이상의 고객들이 식중독에 걸리는 문제가 발생했다. 이에 소비자들은 좋은 품질의 천연 식재료만을 사용해 조리한다는 치폴레의 브랜드 철학이 과연 진정성이 있는지 의심하게 되었다. 또한 유전자를 조작한 GMO 재료를 사용하지 않는다는 치폴레의 주장과 달리, 일부 식음료는 GMO 재료를 포함하고 있었으며, GMO 사료를 먹고 자란 동물들을 원재료로 사용한다는 것이 알려지면서 소비자들의 빈축을 사기도 했다.

도브의 역설

문화 브랜딩은 사회적 이슈에 대한 일관된 입장을 가지는 것이 중요하다. 즉, 특정 문제에 대한 브랜드의 태도가 시간이 지나도 변하지 않고 한결 같을 때 소비자는 브랜드의 진정성을 의심하지 않는다. 예를 들면 생활용품 기업 유니레버(Unilever)의 대표적인 미용 브랜드인 도브(Dove)는 지난 13년간 '리얼 뷰티 캠페인 (Campaign for Real Beauty)'을 통해 자본주의 사회에서 미디어가 만들어낸 미(美)에 대한 사회적 편견과 잘못된 인식에 문제를 제기하고 이를 해결하고자 노력해왔다.

2004년 유니레버가 세계 10개 국가의 18~64세 여성 3,200명을 대상으로 조사한 결과, 단 4%의 여성들만이 자신의 외모가 아름답다고 생각하는 것으로 나타났다. 이에 도브는 뼈만 앙상하게 남은 패션모델의 외모가 가장 아름다운 것으로 칭송 받는 왜곡된 미적 기준의 문제점을 지적하고, 다양한 인종과 나이의 여성들이 자신의 외모에 대한 자존감을 되찾을 수 있도록 노력했다. 주름이 많은 95세 할머니, 뚱뚱한 34세 여성, 가슴이 빈약한 35세 흑인 여성, 주근깨와 반점이 많은 22세 젊은 여성에 이르기까지 그들 나름의 아름다움이 있음을 강조한 것이다. 도브는 출시 60주년을 맞이하는 2017년에 이러한 다양한 외모의 아름다움을 좀 더 직관적으로 전달하기 위해 일곱 가지 다른 형태의 패키지(예: 뚱뚱, 길쭉)에 담은 바디워시를 영국에서 출시한 바 있다.[12]

특히 2013년에는 '리얼 뷰티 스케치(Real Beauty Sketch)' 캠페인을 통해 FBI의 몽타주 전문가가 일곱 명의 여성들을 대상으로 자신이 스스로에 대해 묘사하는 모습과 타인이 그녀에 대해 묘사하는 모습을 그림으로 그린 후 직접 비교해보도록 했다. 결과는 스스로의 묘사에 기반해 그린 그림이 타인의 묘사에 기반해 그린 그림보다 훨씬 덜 예쁜 것으로 나타났다. 이 실험을 진행한 이유는 자존감을 잃은 여성들로 하여금 "당신은 당신이 생각하는 것보다 아름답다"는 메시지를 효과적으로 전달하기 위해서였다. 또한 최근에 도브는 중년 여성을 위한 제품라인에 '안티에이징'이라는 표현 대신 '프로에이지(proage)'라는 표현을 쓰고 있다. 이는 밀레니얼 세대들에게 '안티에이징'과 같이 자존감을 낮추는 용어들이 더 이상 매력적이지 않다는 전문가들의 진단을 따른 것이다. 따라서 다른 화장품 브랜드들도 이에 동참해 노화방지라는 표현 대신 다른 용어를 사용하게 되었다. 예를 들면 비쉬(VICHY)는 '슬로우 에이지(Slow Age)'를, 로레알(L'Oreal)은 '에이지 퍼펙트(Age Perfect)'라는 표현을 쓰고 있다.[13]

도브는 여성의 미에 대한 관점의 변화를 시도하면서 문화 브랜딩에 성공했지만, 최근 도브의 진정성을 의심하게 한 사건이 있었다. 2017년 도브는 페이스북에 비누의 미백 효과를 강조하기 위해 흑인 여성이 입었던 반팔 셔츠를 벗으면 백인 여성으로 바뀌는 이미지를 담은 광고를 포스팅했는데, 이를 흑인 여성들에 대한 인종차별로 받아들인 많은 사람들이 분노했다. 또한 '도브의 역설'이라고 표현하며 그동안 진행해온 리얼 뷰티 캠페인에 대한 진정성을 제기하기도 했다. 사실 2011년에도 바디워시 광고를 하면서 사용 전과 후 모습에 각각 흑인 여성과 백인 여성을 노출시켜 논쟁이 된 적이 있었다. 유니레버는 언론을 통해 도브의 제품이 인종에 상관없이 모두를 위한 것임을 알리려는 목적의 광고라 해명했고, 해당 광고에 모델로 참여한 나이지리아 출신의 흑인 여성도 자신은 피해자가 아니라며 인종차별 광고라고 생각하지 않았음을 강조했다. 덕분에 상황은 간신히 수습될 수 있었지만, 이 사례는 문화 브랜딩을 기획하고 있는 기업들이 사회적 이슈에 대한 일관성 있는 말과 행동으로 진정성을 해치지 않도록 주의할 필요가 있음을 잘 보여준다.[14]

리한나의 펜티뷰티

문화 브랜딩에 성공한 브랜드들이 비일관된 메시지를 전달하

는 실수를 했을 때 이는 새로운 브랜드에 기회를 제공하기도 한
다. 가수 리한나(Rihanna)가 출시한 '펜티뷰티(Fenty Beauty)'라
는 화장품 브랜드는 '모두를 위한 아름다움(Beauty for All)'이라
는 브랜드 슬로건을 사용하면서 도브의 유색인종에 대한 차별을
새로운 문화 브랜딩의 기회로 활용하고 있다.

리한나는 펜티뷰티가 다양한 피부색, 성격, 태도, 문화, 인종
의 모든 사람들을 위한 제품을 만들었다고 강조한다. 그녀는
"모든 사람들이 소외 받는다고 느끼지 않기를 바랐다(I wanted
everyone to feel included)"고 말한다. 타 브랜드의 파운데이션 화
장품의 색상이 일반적으로 백인 위주의 11가지 정도인 반면, 펜
티뷰티는 무려 40가지나 된다. 일부 흑인들 사이에서는 여전히

▲40가지 색상을 선택할 수 있는 펜티뷰티의 파운데이션(출처: 펜티뷰티 홈페이지)

색상이 부족하다는 비판이 있기도 하지만 소셜미디어에서 리한나가 제기한 사회적·문화적 문제를 지지하는 목소리들이 엄청난 속도로 퍼져나가고 있다.

무지개 디자인의 의미

다음으로 브랜드가 제기하는 사회적 이슈가 찬반에 대한 논란이 있는 경우, 브랜드와 반대 주장을 가진 집단의 강한 반발에 부딪힐 수 있다. 2017년 맥도날드는 성소수자들을 지지하는 감자튀김 포장용기인 "게이 프라이드 박스(Gay Pride Box)"를 출시해 복음주의 기독교인들의 강한 저항에 부딪힌 바 있다. 기독교인들은 맥도날드가 성소수자들을 상징하는 무지개 이미지를 포장용기 뒷면에 넣은 것에 대해 "대기업이 복음주의 가정에 해를 끼치려 하는 것을 막아야 한다"며 불매운동을 벌였다. 경쟁업체인 버거킹의 경우에도 2014년 동성애자를 지지하는 무지개 디자인의 와퍼 포장지를 사용하면서 "We are all the same inside(우리의 내적 모습은 모두 동일하다)"라는 메시지를 전달한 바 있다. 이러한 성소수자들에 대한 미국 기업들의 지지 선언은 1991년 월스트리트 저널이 동성애 집단을 향후 잠재력이 가장 큰 시장 중 하나로 언급한 이후라고 알려져 있다.

물론 논란이 전혀 없는 사회적 이슈들은 그만큼 소비자들의 관심도 떨어진다. 하지만 목표 고객의 대부분이 브랜드의 주장에 찬성한다는 확신이 없는 경우, 문화 브랜딩 전략은 브랜드의 인지도를 높일지언정 브랜드 이미지에는 부정적 효과를 줄 수 있다. 만약 기독교인이 많은 한국에서 맥도날드나 버거킹과 같은 기업들이 성소수자들을 지지하는 제품을 출시하는 경우 과연 잃는 것보다 얻는 것이 많을지 의문이다.

결국 목적은 돈?

마지막으로, 문화 브랜딩의 목적이 지나치게 상업적인 의도로 해석되는 것을 주의해야 한다. 유니레버는 도브의 진정한 아름다움 캠페인을 통해서는 외적 요소만을 강조하는 아름다움의 기준을 바꿔야 한다고 주장하면서도, 남성 미용 브랜드인 액스(Axe)의 광고에서는 과도하게 노출한 여성을 모델로 기용해 기업철학이 확고하지 못하고 매우 상업적이라는 비판을 받았다. 즉, 돈을 벌기 위해 사회적 이슈를 기회주의적으로 활용하고 있다는 것이다.

스타벅스의 경우에도 인종차별에 반대하는 '모든 인종이 함께 달려가자(Race Together)'는 캠페인을 실시했으나 소비자들의 부정적 반응으로 한 달 만에 중단된 바 있다. 캠페인이 전달하는 메시지와는 대조적으로 본사 임원 19명 중 16명이 백인인 반면, 정작 현장 직원의 40%가 소수인종이라는 사실이 알려졌기 때문이다. 이에 소셜미디어에서는 스타벅스가 돈을 벌기 위해 착한 척 한다는 비난이 쏟아졌다.[15] 이렇듯 문화 브랜딩은 그 진정성에 의심이 들 경우 상업적인 목적으로 착한 척을 한다는 오해를 받아 오히려 이전보다 더 부정적인 효과를 불러오므로 각별한 주의가 필요하다.

기업이 쉽게 변하지 못하는 이유

추가적으로 문화 브랜딩의 가치는 산술적으로 계산하기가 쉽지 않다. 그럼에도 불구하고 이익 추구를 목표로 하는 기업들은 경제적 가치를 따지지 않을 수 없다.

최근 프랑스의 한 그래픽 디자이너는 '에코브랜딩(Ecobranding)'이라는 캠페인을 통해 기업들이 환경보호 활동에 동참해 줄 것을 호소했다.[16] 그림에서 보는 바와 같이 스타벅스, 나이키, 맥도날드, 애플 등 유명 브랜드의 로고를 훼손하지 않는 선에서 잉크를 지금보다 적게 사용할 수 있도록 변경하자는 것이다. 그가 제안한 새 로고를 적용하면 스타벅스의 경우 약 38.57%의 잉크가 줄어들 수 있다. 이는 연간 종이컵에 들어가는 로고가 6억 7,000만 개라는 가정하에 계산하면, 약 4,000만 달러(한화 약 434억 원)를 절약할 수 있는 셈이다. 일반 소비자들은 이 캠페인의 환경적·경제적 가치가 매우 높다고 판단해 적극 찬성할지도 모른

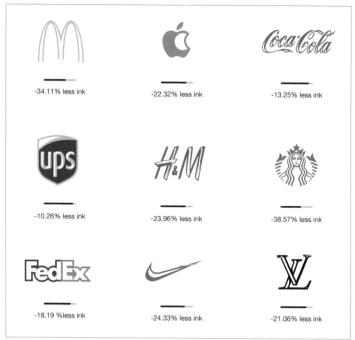

▲에코브랜딩 예시 이미지(출처: 에코브랜딩 홈페이지)

다. 하지만 기업의 입장에서 보면 그저 잉크 값만 줄이는 문제가 아닐 수 있다. 변경된 로고를 통해서도 소비자의 기억 속에 저장된 브랜드와 관련된 연상들이 효과적으로 인출될 수 있는지, 또 무형의 브랜드 자산가치에는 변화가 없는지 등을 신중하게 고려해야 하기 때문이다.

파블로프(Pavlov)가 개에게 먹이를 줄 때마다 종을 울려 이후 종소리만 들려줘도 개가 침을 흘리게 한 고전적 조건형성(classical conditioning)의 실험 결과는 이러한 기업의 논리에 어느 정도 타당한 근거를 제시해줄 수 있다. 파블로프가 실험에 사용한 종소리가 50데시벨의 크기였다면, 나중에 유사한 자극인 45데시벨이나 55데시벨에도 개는 침을 흘리는 무조건 반응을 보일 수 있다. 심리학자들은 이를 '자극의 일반화(stimulus generalization)'라 부른다. 하지만 유사한 자극보다는 분명 동일한 50데시벨의 종소리일 때 가장 효과가 좋았다. 따라서 브랜드의 입장에서 로고의 변경이 100% 안전한 방법이라고 속단하기는 어렵다.

게다가 기업들이 에코브랜딩의 디자인을 적용한다고 하더라도, 그들이 주도한 브랜딩 전략이 아니므로 문화 브랜딩의 효과는 어쩌면 대부분 최초 아이디어를 제공한 디자이너가 가져갈 가능성도 있다. 따라서 에코브랜딩에 공명한 소비자들의 강력한 요구와 압박을 받지 않는 한 기업들의 로고 변경에 대한 의사결정은 쉽지 않을 것으로 보인다. 이는 기업의 입장에서 득실을 따지는 과정이 일반 소비자들의 생각보다 훨씬 더 복잡함을 말해 준다.

경지, 브랜드 공명

문화 브랜딩에 성공하게 되면 전략적 브랜드 관리의 최종 목적지라 할 수 있는 '브랜드 공명(Brand Resonance)' 단계에 도달할 가능성이 높아진다. 브랜드 공명은 소비자가 브랜드와 하나가 되었다는 일체감(in sync)의 정도를 말한다.[17] 이것은 단순히 재구매 의도와 추천 의도 제고를 의미하는 브랜드 충성도를 넘어, 소비자가 브랜드와 강한 심리적 결속(psychological bond)을 느낌으로써 브랜드가 내게 해준 것만큼 나도 브랜드를 위해 뭔가를 해주고 싶다고 생각하는 일종의 보은 심리를 의미한다. 브랜드 업계에서는 보통 이런 사람들을 '브랜드 전도사(brand evangelist)'라 부른다.

삽을 든 배짱이들

이와 관련된 대표적인 사례가 국내 1위 배달 앱인 '배달의 민족'의 팬클럽 '배짱이'가 진행한 '한삽 프로젝트'이다.[18] 이는 강력한 심리적 유대감을 느끼는 브랜드 전도사들이 브랜드를 위해 어떤 일을 할 수 있는지 보여주는 좋은 예가 될 수 있다.

배짱이는 2016년 7월 배달의 민족이 처음으로 흑자를 달성했다는 기쁜 소식을 듣고 가만히 있을 수가 없었다. 그래서 직원들을 놀라게 할 깜짝 선물을 준비했는데, 그것은 바로 '흙자'였다. 전국 8도의 배짱이들이 투명한 플라스틱 1회용 커피잔에 흙을 넣고 씨앗을 뿌린 후 자를 꽂은 '흙자'를 만들었다. 각 흙자에는 지역명과 배짱이의 이름(예: 서울-강동, 이미현 배짱이)이 적혀 있었다. 놀라운 것은 이를 모아서 보낸 아이스박스에 붙여진 편지글이었다. "쓸데없는 거 보내요! 흙지 달성 축하합니다. 친애하는 배민 여러분, 팬클럽 배짱이입니다. 배달의 민족의 흑자 달성을 축하드리기 위해 전국 8도에서 배짱이들의 마음이 담긴 흙자를 보냅니다. 각 화분마다 심겨 있는 씨앗을 잘 싹 틔워 주시길 간곡

히 요청 드리며, 앞으로 전국 각지로 뻗어가는 배달의 민족 되세
용"이라고 적혀 있었다.

배달의 민족은 2015년 업계 최초로 결제 수수료 0%의 정책을
선언하면서 자영업자들의 어려움과 관련된 이슈를 선점했다. 또
한 배달의 민족다운 B급 커뮤니케이션으로 많은 소비자들의 공
감을 얻을 수 있었다. 팔도에 흩어진 디지털 클라우드의 멤버들
을 결집시켜 벌인 이러한 배짱이의 이벤트는 타 브랜드들의 부
러움을 사기에 충분했다. 배달의 민족은 매년 12월 민족의 대잔
치인 '배짱이의 밤' 행사를 열어 팬클럽들과 송년회를 보내는데,
2017년에는 김봉진 대표가 머리에 리본을 달고 나왔다. 팬들과
임직원들이 얼마나 허물없이 지내는 관계인지를 실감케 한다.

가성비보다는 가심비

    마지막으로 문화 브랜딩에 있어 가장 중요한 한 가지를 강조하면서 마무리할까 한다. 문화 브랜딩의 성공 확률을 높이기 위해서는 브랜드가 문제를 제기하고 해결하고자 하는 사회적 이슈와 브랜드 콘셉트 간 어울림(compatibility)이 중요하다. 이것이 불가능하다면 문화 브랜딩의 효과는 매우 제한적이며 향후 진정성 없는 행동 발생에 따른 위기를 경험하게 될지도 모른다. 예를 들어 네스카페는 문화 브랜딩에서 '연결, 함께'라는 주제를 지속적으로 강조해왔는데, 모든 캠페인에서 커피가 대화를 시작하는 매개체로 강조되었기 때문에 "모든 것은 네스카페에서 시작됩니다(It all starts with a Nescafe)"라는 브랜드 콘셉트와 연결고리가 아주 분명했다.

    필자는 베트남의 유명 관광지인 다낭 인근에 위치한 호이안이란 도시를 방문하던 중 '리칭아웃 디하우스(Reaching Out Tea House)'라는 카페를 우연히 방문한 경험이 있다. 꽤 많은 종업원들과 손님들이 있었음에도 불구하고 카페 입구에 들어설 때부터 창밖의 보슬비 소리가 들릴 만큼 조용한 분위기가 매우 인상적이었다. 또한 테이블 위에 놓여진 "계산서(Bill), 질문(Question), 뜨거운 물(Hot water)" 등이 쓰인 나무 도장과 연필, 종이들이 필자의 눈을 사로잡았다. 도대체 왜 카페에 이런 것들이 필요하지? 잠시 후 종업원이 가져다 준 메뉴판을 보고 그 이유를 알 수 있었다. 그곳의 모든 종업원들이 청각장애인이었던 것이다. 카페는 이들을 돕기 위해 특별히 만들어진 장소였다. 종업원들은 서로 수화로 대화했고, 손님들은 종업원과 대화를 하기 위해 나무 도장과 연필을 이용해 쓴 글씨를 종업원들에게 전달했다. 그렇다면 손님들 간에는 왜 대화가 별로 없는 것일까? 이 카페의 콘셉트가 '소리 없는 카페'이기 때문이다.

▲소리 없는 카페, 리칭아웃 티하우스

ⅠⅠⅠⅠⅠ공

손님들 대부분이 외국에서 온 이방인임에도 불구하고 이 카페가 추구하는 청각장애인들을 돕기 위한 노력에 모두 공감했고, 이에 동참하는 행동들을 하고 있었다. 바로 공명의 힘이다. 또한 필자를 비롯한 많은 방문객들이 소셜미디어에 이 카페에 관한 글을 포스팅하며 알렸고, 일부러 이 카페를 찾는 관광객도 적지 않아 보였다. 소리 없는 카페라는 브랜드 콘셉트는 리칭아웃 카페의 문화 브랜딩 주제와 매우 잘 어울릴 뿐 아니라 청각장애인들이 운영하는 카페의 단점을 장점으로 바꿔놓았다.

우리는 이제 가격 대비 성능을 의미하는 가성비를 넘어, 가격 대비 마음이 편한 가심비(價心費)가 중요한 시대를 살고 있다. 소셜미디어 시대에 소비자를 공명하게 하는 브랜드 전략이 그 어느 때보다 중요한 이유이다.

CODE 4.

공생

정글 같은 시장에서 더불어 사는 법

네 가지
공생의
유형

공생은 주로 생물학에서 사용되는 용어로 사전적 의미는 "서로 도우며 함께 살다"이다. 누구나 한번쯤은 개미가 진딧물의 배설물을 좋아해서 다른 곤충으로부터 그를 보호해주는 공생의 사례에 대해서 들어보았을 것이다. 하지만, 공생은 개미와 진딧물과 같이 쌍방이 이익을 보는 상리공생(相利共生) 외에도 한쪽만 이익을 보고 다른 쪽은 손익이 없는 편리공생(片利共生), 한쪽은 이익을 보고 다른 쪽은 손실을 보는 기생(寄生), 한쪽은 손실을 보고 다른 한쪽은 손익이 없는 편해공생(片害共生)의 네 가지 유형으로 구분된다.

인간 세상에서 보는 공생

　이러한 공생의 다양한 유형들은 동식물의 관계에서뿐만 아니라, 비즈니스에 참여하는 경제주체들 간에도 나타난다. 예를 들면 기업과 소비자의 관계, 기업과 다른 기업의 관계, 소비자와 다른 소비자와의 관계, 기업 내 임직원들 간의 관계에서 여러 유형의 공생관계를 확인할 수 있다. 이러한 경제주체들 간 공생관계에 대해 소비자들은 다음 장에서 다룰 '공정'의 잣대를 들이대며, 소셜미디어를 통해 다양한 의견을 피력한다. 때로는 특정 경제주체가 몰염치하다며 비난을 하기도 하고 때로는 착하다고 엄지를 치켜세우며 칭찬하기도 한다. 또한 예상치 못했던 두 경제주체가 힘을 합쳐 만들어낸 멋진 결과물(예: 콜라보 브랜드)에 찬사를 보내기도 한다. 그럼 이제부터 경제주체들 간 관계에서 네 가지 공생의 유형들이 어떻게 적용될 수 있는지, 또 이와 관련된 소셜미디어 시대의 이슈들로는 무엇이 있는지에 대해 살펴보도록 하자.

누이 좋고 매부 좋은 상리공생

먼저, 상리공생(Mutualism)[1]은 소위 말하는 윈-윈 전략(win-win strategy)의 목표로 가장 이상적인 비즈니스 관계라 할 수 있다.

이것은 일반적으로 악어와 악어새의 관계에 비유할 수 있다. 악어새가 악어의 이빨에 낀 이물질을 먹으면 악어새는 제 배를 채울 수 있어 좋고 악어는 충치를 막을 수 있어 좋다. 서로에게 이익이 되는 것이다(여담이지만, 우리가 책에서 배운 이 둘의 관계는 사실 근거가 없다고 한다. 일반적으로 악어는 입 속에 들어온 먹잇감이 무사히 빠져나가도록 내버려 두지 않는다고 한다).

공유가치창출

상리공생은 2011년 HBR에 마이클 포터가 처음으로 소개한 공유가치창출(Creating Shared Value, 이하 CSV)의 개념과 관련성이 높다. 단순히 기업이 창출한 이익을 사회와 공유하는 사회적 책임활동(CSR)과 달리, CSV는 이익을 추구하는 과정에서 사회적 문제를 해결하려고 노력함으로써 기업의 이익 창출 여부와 상관없이 지속적으로 사회 공헌을 할 수 있다는 장점이 있다. 또한 이익 추구 과정에 참여하는 여러 주체들이 함께 더 많은 가치를 나눠가질 수 있다는 점에서 상리공생의 관계라 할 수 있다.

병아리를 나눠주는 기업

CSV 전략을 통해 상리공생의 관계를 성공적으로 구축한 대표적인 사례로 징둥닷컴(JD.com)을 들 수 있다.[2] 징둥닷컴은 중국에서 알리바바에 이어 두 번째로 큰 전자상거래 기업이다. 징둥닷컴의 창업자이자 CEO인 리우 치앙둥은 중국 농촌의 빈곤한 마을에서 태어나 어려운 농촌의 실상을 보고 자란 탓에 늘 성공해서 농촌을 부유하게 만들겠다는 꿈을 가지고 있었다. 그는 그 꿈을 본격적으로 실행하기 위해 중국 허베이성에 있는 한 시골 마을의 명예촌장이 되기도 했다. 이 마을의 인구는 약 670여 명으로 규모가 매우 작았으며, 주로 사과 농사를 지어 1인당 3,000~7,000위안(한화로 약 49만~115만 원)에 불과한 수익을 거두고 있었다.

리우 치앙동은 2017년 11월 중국의 소셜미디어인 웨이보를 통해 5년 이내에 이 마을의 수입을 10배 늘리겠다는 포부를 밝히기도 했다. 그는 부유한 농촌을 만들기 위해서는 '3F 전략'이 필요하다고 믿었다. 3F 전략은 공장(Factory), 금융(Finance), 농장(Farm)의 머리글자를 따서 만든 말로, 농촌 마을에 최신 설비를 갖춘 공장을 짓고, 농민들에게 자본을 공급해주며, 도시의 식탁과 농장을 바로 연결하는 직거래 유통망을 갖추는 것을 의미한다. 징동닷컴이 3F 전략을 추진하는 과정에서 선보인 '병아리 캠페인'은 그가 웨이보를 통해 밝힌 포부가 허언이 아님을 보여주는 계기가 되었다.

2016년 징동닷컴은 중국판 카카오톡이라 할 수 있는 위챗에 연동된 '위런'이라는 피트니스 앱의 사용자들이 10만 걸음을 걸을 때마다 농촌 가구에 병아리를 한 마리씩 기부하는 캠페인을 펼쳤다. 이 캠페인에는 11만 명이 참여해 총 12억 걸음을 걸었으며, 징동닷컴은 닭이 다 자라면 비싼 가격에 매입하겠다는 조건

으로 농민들에게 1만 2,789마리의 병아리를 기부했다. 2017년에는 자신이 명예촌장으로 있는 농촌 마을에 병아리를 방목해서 키운다는 조건하에 만보계를 찬 병아리를 가구당 100마리씩 무상으로 나눠주었다. 그리고 병아리가 다 자라 100만 보 이상 걸은 닭이 되었을 때, 일반 닭의 3배 이상의 가격으로 매입했다.

징동닷컴은 이렇게 길러진 닭을 일반 닭보다 2배 이상 비싼 가격으로 온라인 판매하고 있는데, 건강하게 자란 닭을 먹고자 하는 소비자들이 많아서 물량이 부족할 만큼 인기가 높다고 한다. 물론 병아리를 우리에 가둬서 사육하면 45일 만에 출하가 가능한 반면, 방목으로 키울 경우 160일이나 걸리는 단점이 있다. 하지만 소비자들은 우리에 들어가서 도축될 때까지 3m도 채 움직이지 않는 닭보다는 100만 보 이상 농장을 뛰어다닌 건강한 닭이 더 몸에 좋을 것이라 믿는다. 또한 소비자들은 징동닷컴이 3F 전략을 추진하는 이유, 즉 why에 공감을 한 까닭에 비싼 가격에도 쉽게 지갑을 열 수 있는 것이다. 징동닷컴의 이러한 기업, 농민, 소비자 모두가 웃을 수 있는 공생 사례는 소셜미디어를 통해 수없이 공유되고 확산되었다.

팔았던 나무를 14배 가격으로 되사다

태국의 복사용지 브랜드인 더블에이(Double A)도 징동닷컴과 매우 유사한 방법으로 상리공생을 실현하고 있다.[4] 2015년 태국 통계청 발표 자료에 따르면, 전체 태국 농가의 약 49%가 소득보다 부채가 많고, 연간소득은 태국 평균 가계소득의 16.5%에 불과한 약 23만 바트(약 805만 원)로 농민 대부분이 매우 어려운 삶을 살아가고 있다. 더블에이는 이러한 농민들을 도우면서도 환경오염을 최소화하기 위해 '칸나(Kahn-Na) 프로젝트'를 진행하고 있다.

먼저 창업 후 5년 동안 400여 명의 연구진이 노력한 끝에 '더블에이 페이퍼 트리'라는 전용 나무를 개발했다. 이는 벌목하기까지 5년이나 걸리는 일반적인 펄프 나무와 달리 3년이면 벌목해 쓸 수 있고, 섬유질 함량도 일반 펄프 나무에 비해 7배나 높아 최고 품질의 종이를 생산할 수 있다.

더블에이가 자체 농장에서 재배한 이 나무의 묘목을 농가에 한 그루당 5바트(약 175원)에 판매하면, 농가에서는 논과 논 사이의 자투리땅을 이용해서 이를 재배한다. 그 후 3년이 지나면 더블에이는 한 그루당 70바트(약 2,450원)의 가격에 나무를 되사줌으로써 150만 농가가 매년 약 50억 바트(약 1,750억 원)의 추가 수익을 올릴 수 있다.

또한 더블에이는 1억 5,000만 그루를 매년 심고 1억 그루만을 종이 재료로 사용함으로써 환경에 피해를 주기보다 오히려 더 이롭게 하고 있다. 이뿐만 아니라 종이를 만들고 남은 나무 찌꺼기를 이용해 자체 발전소를 가동함으로써 40만의 농가에 전력을 공급하고 있다. 이러한 노력 덕분에 더블에이는 2011년 아시아 미래포럼에서 빈곤구제 사회공헌상을 수상했다.

혼자서 할 수 없다면 **여럿이서**

징동닷컴이나 더블에이 사례와 달리 때로는 하나의 기업이 독자적으로 공유가치의 생태계를 구축하는 것이 어려울 때도 있다. 이런 경우 여러 집단의 공조가 필요하며, 이를 집단적 파급력(collective impact)이라 칭한다.[5]

이를 잘 보여주는 사례가 노르웨이 비료제조 회사인 야라(Yara)이다. 야라는 탄자니아에 비료를 수출하고 있었는데, 통관항의 부정부패로 선적 화물을 내리는 데 몇 개월이 걸렸고 대부분 가난하고 문맹인 농부들은 비료 사용법을 잘 몰랐다. 또한 정부는 자국 소비보호라는 명목하에 국내에서 재배한 주요 작물의 수출을 금지하고 있었고, 수출이 가능한 작물들도 도로 상황이 좋지 않은 데다 냉장 수송이 불가능한 까닭에 항구에 오기 전에 이미 30% 이상이 버려지고 있었다.

이에 야라는 비료 수출을 단기적으로 늘릴 수 있는 전략이 아닌, 시장의 각종 장애요소들을 완전히 제거함으로써 장기적 관점에서 더 많은 가치를 창출할 수 있는 공유 생태계를 구축하기로 결심했다. 즉, 항구, 도로, 철도, 전력, 터미널, 금융 등 야라 혼자서 헤쳐 나가기 힘든 과제들을 함께 해결해나갈 수 있는 조직을 구성하고자 했다. 야라는 탄자니아 정부, 시민단체, 국제 지원

단체, 다국적 기업들을 포함하는 68개의 관련 기관을 모아 '탄자니아 남부농업성장지대(SAGCOT)'라는 협력단체를 결성하고 20년 계획하에 34억 달러 규모의 선진 농업지대를 구축하는 계획을 세웠다.

사업을 시작한 지 3년이 지나자 농민들의 수입이 현저히 개선되었고 야라의 해당 지역 매출도 50%가량 증가하는 효과를 볼 수 있었다. 물론 이와 같은 공유 생태계 구축에는 무임승차자, 즉 다 만들어 놓은 밥상에 숟가락을 얹는 경쟁사들이 있기 마련이다. 하지만 흥미로운 것은 소비자들이 자신의 어려운 문제를 해결하기 위해 노력한 기업들을 기억하고 그들에게 더 많은 이익을 돌려주기 위해 노력한다는 점이다. 탄자니아 농촌지대의 공유 생태계가 구축된 후 예상대로 야라의 경쟁사들이 새롭게 시장에 뛰어들었지만, 야라의 시장점유율은 35%에서 52%로 오히려 증가했다.

상생의 비즈니스, 콜라보 마케팅

상리공생에는 사회적 문제를 해결하기 위한 CSV 활동 이외에도, 소비자에게 더 나은 가치를 전달하기 위한 공동 브랜딩(cobranding)전략이 포함될 수 있다. 공동브랜딩은 브랜드 번들

||||공

링(Brand Bundling) 또는 브랜드 제휴(Brand Alliance)라고도 칭하며, 두 개 이상의 기존 브랜드들이 결합해 하나의 공동제품을 출시하거나 브랜딩 활동을 함께 진행하는 것을 의미한다.[6] 요즘 업종 간 경계를 허무는 콜라보[7] 마케팅이 매우 활발하게 진행되고 있는데, 이는 공동 브랜딩의 전형적 형태라 할 수 있다.

예를 들어 CU편의점은 롯데제과와 협업으로 수박의 껍질과 속의 색깔을 반대로 한 '거꾸로 수박바'를 출시했는데 초당 1개 이상 팔릴 만큼 인기를 끌면서 출시 열흘 만에 100만 개가 팔리는 놀라운 기록을 보여주었다. 여름 시즌 동안에만 약 700만 개를 팔았고 원조 수박바의 매출도 덩달아 10%나 증가했다.[8] 장마 기간이 포함되었음을 감안하면 대단한 성공이 아닐 수 없다. 그밖에도 빙그레가 CJ올리브영과 손잡고 '바나나맛 우유 화장품'을 개발해 푸드메틱 시장에 진출하는가 하면, 패션 브랜드와 푸드 브랜드의 제휴도 크게 증가해 에잇세컨드는 새우깡과, 비이커는 초코파이와, 스파오는 메로나와 각각 콜라보 제품을 선보였다.

▲선풍적인 인기를 끌었던 거꾸로 수박바
(출처: 롯데제과)

하지만 이러한 콜라보 마케팅이 반드시 성공하는 것은 아니다. 이를테면 CU가 국순당과 손잡고 출시한 매우 흥미로운 콘셉트의 막걸리카노의 시장 반응은 그다지 좋지 않았다. 막걸리카노는 막걸리와 커피를 섞은 알코올 도수 4%의 주류 제품인데, 소비자의 맛에 대한 호불호가 명확히 갈리는 모습이다. 막걸리카노는 시장 출시 초기에는 매우 기발하고 재밌는 제품으로 인식되면서 젊은 층의 호기심을 자극해 첫 구매를 유도할 수 있겠지만, 술과 커피의 TPO(Time, Place, Occasion. 즉, '언제, 어디서, 어떤 상황에서 제품을 소비하는가'를 뜻한다)가 서로 달라 재구매를 유도하는 데에는 무리가 있어 보인다. 필자의 경우에도 카페인에 민감해 불면증의 원인이 될 수 있어 커피는 오전에 마시고 술은 주로 밤에 마신다. 따라서 막걸리카노를 술로 생각하고 밤에 마시기에는 부담스러운 면이 있다.

브랜드를 빌려준다는 것

콜라보 마케팅은 소비자에게 독립 브랜드로 제공할 수 없는 추가 가치를 제공함으로써 소비자의 기억 속에 긍정적 브랜드 연상을 심어 줄 수 있는 장점이 있다. 또한 단일 브랜드가 가진 약점을 보완하고 새로운 제품 영역으로 진출하는 데 협력 브랜드의 힘을 빌릴 수 있는 레버리지 효과를 얻을 수도 있다.

하지만 지나치게 과열되어 무분별하게 진행되는 콜라보 마케팅은 우려되는 면도 없지 않다. 미국의 과자 브랜드인 내비스코(Nabisco)의 한 임원은 "브랜드를 빌려준다는 것은 당신의 아이를 빌려주는 것과 같다. 모든 것이 완벽하다는 확신이 있어야 한다"고 말함으로써 공동 브랜딩에 세심한 주의가 필요함을 강조했다. 특히 요즘 진행되는 많은 콜라보 마케팅들이 필자의 눈에는 'why'가 없어 보이는 아쉬움이 있다. 물론 콜라보 제품들이 놀랄 만큼 기발하고 재미있어 소비자의 관심과 주의를 끄는 것은 사실이다. 하지만 그뿐이다. 소비자의 뇌리에 강렬한 인상을 남길 수 있는 점을 찍기에는 부족해 보인다. 왜 두 브랜드가 만났는지, 콜라보 마케팅을 하는 목적은 무엇인지, 또 그 목적을 달성하기 위해 어떤 방법을 사용했는지에 대한 공감이 될 때 콜라보 마케팅의 효과는 배가 될 수 있다.

앞서도 몇 차례 언급한 패션잡화 브랜드인 로우로우가 대한하이텍과 콜라보로 출시한 티타늄 안경대, '일아이(R EYE)'는 이를 잘 보여주는 사례이다.[9] 로우로우는 32년의 티타늄 안경 노하우를 가진 대한하이텍이 경영의 어려움을 겪는다는 이야기를 듣고 도움을 주고자 콜라보 마케팅을 제안했다. 1년 2개월의 긴 시간을 들여 완성된 디자인을 토대로 출시된 알아이는 무게가 4g으로 2.8g의 린드버그 안경테에 이어 '세상에서 두 번째로 가벼운 안경테'라는 애칭을 얻게 되었다.

로우로우는 완제품에 디자인 회사의 브랜드만 표기하는 업계 관행을 깨고, 안경테의 옆면에 'RAWROW'와 함께 'DAEHAN'이란 글자를 새겨 넣었다. 그 이유를 묻는 질문에 이의현 대표는 한겨레 신문사와의 인터뷰에서 다음과 같이 말했다.

"미국 패션업계를 살펴볼 기회가 있었다. 파슨스 스쿨(뉴욕의 유명 디자인 학교) 주변에는 단추, 지퍼, 원단 등 한국 분들이 운영하는 업체들이 많이 있다. 세계적 브랜드들이 그분들과 함께 시작했는데, 브랜드만 슈퍼스타가 되고 뛰어난 기술에도 불구하

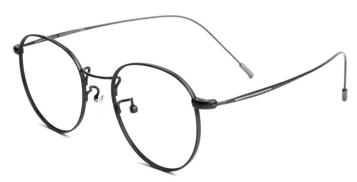

▲세상에서 두 번째로 가벼운 안경테를 가진 알아이(출처: 로우로우)

||||공

고 그분들은 대접받지 못한다는 것이 서럽다는 생각이 들었다. 브랜드 혼자 잘나서 성공한 게 아니지 않나. 제조업체들과 공을 나누고 그들을 빛나게 하는 게 브랜드와 디자인이 할 수 있는 일이라고 생각했다."

이렇게 로우로우는 콜라보 마케팅의 이유와 방법을 명확히 밝힌 덕분에 소셜미디어를 중심으로 소비자들의 뜨거운 관심을 받을 수 있었고 로우로우를 지지하는 팬덤도 형성되었다. 이는 단순히 기발하고 재미있는 콜라보 마케팅과 이유와 방법에서 분명한 콘셉트가 있는 콜라보 마케팅이 소셜미디어 시대에 어떠한 차이를 만들 수 있는지 잘 보여주는 사례라 할 수 있다. 또한 로우로우가 대한하이텍을 갑을의 관계가 아닌 진정한 동반자로 바라보는 태도는 대한하이텍이 더 완성도 높은 제품을 생산하기 위해 노력하도록 하는 좋은 동기가 될 수 있다.

동반자형 계약서

유사한 사례로 최근 빠르게 성장하고 있는 신생 교육업체인 서울비즈니스스쿨을 들 수 있다. 이곳에서는 강사와 계약서를 작성할 때 일반적인 표준 강의계약서에서 사용되는 갑을(갑: 교육업체, 을: 강사)이라는 용어 대신 '회사'와 '강사'라는 표현을 쓰고 높임체를 사용했다. 이 회사의 최효석 대표는 "강사분들과 함께 협력해 더 나은 교육 생태계를 구축하고 싶다. 그러기 위해서는 그분

『 계약 일반조건 』

주식회사 서울비즈니스스쿨(이하 "회사"라 한다.)와 _____(이하 강사"라 한다.)간 "서울비즈니스스쿨 주제하의 강의" 계약의 일반조건은 다음과 같습니다.

다 음

✓ **제1조 [목적]**
본 조건은 "서울비즈니스스쿨 주제하의 강의"를 진행함에 있어서 "회사"와 "강사"의 전반적인 권리와 의무사항을 규정하여 상호협력을 원활히 함을 그 목적으로 합니다.

✓ **제2조 [용어의 정의]**
① 강의: 주식회사 회사에서 진행하는 강의를 말합니다.
② "피 수강자": 본 계약에서 "강의"과정을 수강하는 고객을 말합니다.
③ "피 수강단체": 본 계약에서 말한 "강의"과정을 수강하는 회사, 조직, 기타 단체를 말합니다.

✓ **제3조 [계약기간]**
[별첨 1] 에서 정한 바에 따릅니다.

✓ **제4조 ["강사"의 권리와 의무]**
① "강사"는 본 계약에서 정한 바에 따라 강의를 진행할 권리와 의무가 있습니다.
② "강사"는 상호 협의에 의해 정해진 강의시간 및 강의과정을 준수하여야 한다. 만약 "강사"가 정해진 강의시간에 결석, 지각, 조퇴 혹은 강의과정 미 준수 등으로 인해 "피 수강자" 혹은 "피 수강단체"에 피해를 끼쳤을 시에는 "강사"는 이에 "회사"에 대해 배상한다 이 경우 배상은 [별첨 2]에서 정한 바에 따릅니다.
③ "강사"는 아래에 정한 사유 외로 본 계약에서 정한 강의를 중단, 일시중지, 혹은 변경하지 않는다. "강사"는 아래에 해당하는 사항이라고 최소 15일 전에 "회사"에게 사전 고지할 의무가 있습니다.
　가. "강사"의 중대한 질병, 상해 등으로 장기간 요양이 필요하여 강의 진행이 불가능한 경우
　　단, 교통사고 등 예상치 못한 불의의 사고로 인한 강의 중단에 대해서는 15일 전 고지 의무가 적용되지 않습니다.
　나. "강사"의 원거리 이주 등으로 인해 해당 "피 수강자" 혹은 "피 수강단체"가 지정한 장소에 출강이 어려운 경우

▲서울비즈니스스쿨 강의계약서(출처: 최효석 대표 브런치)

｜｜｜｜공

들을 단순한 기업의 자원이 아닌 우리 회사의 동반자로 바라보는 관점의 전환이 필요하다"고 말한다.

소비자와 손잡는 기업

콜라보 마케팅은 비단 기업과 기업 간의 관계에서만 발생하는 것이 아니다. 기업과 소비자와의 관계에서도 가능하다. 기업이 제품의 가치를 창출하는 과정에 일반 대중을 참여시키는 크라우드 소싱(crowd sourcing)이 좋은 예가 될 수 있다. 펩시콜라의 과자 도리토스(Doritos)가 진행한 '크래시 더 슈퍼볼(Crash the Super Bowl)' 캠페인은 크라우드 소싱의 진수를 보여준다. 이 캠페인은 1억 명 이상 관람하는 미국 슈퍼볼 대회의 TV 광고물로 내보낼 도리토스 광고 2편을 소비자들이 응모한 작품들 중 선정하는 것이다. 선정된 소비자는 100만 달러의 상금과 함께 유니버설픽처스 본사에서 1년간 일할 수 있는 기회를 얻는다.

이 캠페인은 세계 최초의 또 세계 최고의 소비자 참여 콘텐츠 제작 캠페인 사례로 손꼽히고 있다. 응모된 광고 작품은 예비 심사를 거쳐 약 30편으로 추려지고, 이들에 대해서 도리토스의 임원, 광고 전문가 등 권위 있는 심사위원들이 평가해 후보작 10개를 고른다. 그 후 최종작 2편을 선정하게 되는데, 1편은 도리토스 홈페이지에서 일반인 투표를 통해, 다른 1편은 도리토스 심사위원들에 의해 선정된다. 10년째 소셜미디어를 통해 뜨겁게 회자되던 도리토스의 이 캠페인은 2016년을 마지막으로 종료되었지만, 도리토스는 장차 상시적으로 소비자들이 광고를 제작·응모할 수 있는 방식으로 전환할 예정이라고 밝혔다.[10]

로우로우가 소비자와 진행한 콜라보 마케팅인 '민우 프로젝트'는 도리토스처럼 큰 비용을 투자한 것은 아니지만 캠페인의 취지를 생각하면 매우 인상적이다.[11] 이는 로우로우가 출시한 최초의 가방 브랜드인 알백(R Bag)을 현금 10만 원을 주고 처음으로 구입한 고객인 '민우'와 협업해 그가 원하는 가방을 만들어주고자 시작한 프로젝트였다. 평소 로우로우 제품에 남다른 애착을 가지고 있던 민우 씨는 군대에 입대한 후 휴가를 나오면서 빵을 사 들고 로우로우 본사를 방문했다. 이 모습에 감동을 받은 이의현 대표는 민우 씨가 제대하자마자 세계 최초로 첫 고객과 콜라보 마케팅을 진행하게 되었다. 그래서 탄생한 제품이 '민우백'이다. 민우백은 전 세계에 동일한 브랜드네임으로 판매되고 있다. 이 제품은 콜라보 마케팅을 진행하게 된 why가 매우 명확할 뿐 아니라, 고객을 존경하는 로우로우의 마음이 잘 전달되어 지금도 소셜미디어에서는 수차례 회자가 되고 있다.

기업은 거들 뿐?

한편 기업이 직접 소비자와 공생관계를 맺는 대신 소비자와 소비자가 공생할 수 있도록 도와주는 것도 좋은 전략이 될 수 있다. 버거킹의 '아침은 왕처럼(Morning like a king)' 캠페인이 이를 잘 보여준다.[12] 버거킹은 출근 시간에 유동인구가 많은 서울 지역 지하철역 인근의 매장을 방문한 고객들에게 "○○○역에서 깨워주세요"라고 적힌 안대를 나눠주었다. 또한 안대 속에는 2장의 무료 커피 쿠폰을 넣어, 실제로 깨워준 사람과 커피를 나눠 마실 수 있는 기회를 제공해 소비자들의 큰 호응을 얻었다.

우리나라의 평균 통근 시간은 58분으로 OECD 국가들 중 1위이고, 수면 시간은 최하위라는 점을 생각하면 이 캠페인에 공감하지 않을 수 없다. 안대를 쓴 사람은 잠을 푹 잘 수 있고, 깨워준 사람은 커피를 공짜로 먹을 수 있는 상리공생의 관계를 기업이 만들어준 덕분에 소셜미디어에서 큰 화제가 될 수 있었다. 또한 제일기획에서 기획한 이 캠페인은 2015년 칸 국제광고제 미디어 부문에서 은상을 수상하기도 했다.

손해 볼 것 없는 장사 편리공생

다음으로, 한쪽만 이익을 보고 다른 한쪽은 득실이 없는 편리공생(Commensalism)에 대해 알아보도록 하자. 자연계에서 발견되는 편리공생의 사례로는 고래 피부에 붙어사는 따개비나 인간의 대장 속에 머무르는 박테리아 등이 자주 언급된다.

다만 편리공생 경우는 사실상 다음에 설명할 기생과 구분하는 것이 쉽지 않다. 둘 사이의 관계에서 한쪽이 이익을 얻는 것은 분명하지만 다른 한쪽의 손실이 없는지는 명확하지 않은 때가 많기 때문이다.

|||||공

상생매장의 어색한 동거

2016년 8월 이마트는 충남에 위치한 당진 어시장에 노브랜드 상생매장을 오픈하면서 큰 관심을 모았다. 2층에 지어진 노브랜드 상생매장은 1층 당진 어시장과 겹치는 수산물은 취급하지 않았다. 그동안 지속적으로 제기되어왔던 재래시장과 대형마트 간 분쟁을 해소하고, 재래시장의 한계(예: 주차장 부족, 품목 수 제한 등)를 보완함으로써 이 실험은 함께 윈-윈할 수 있는 상생모델로 크게 주목받았다. 덕분에 산업통상자원부 장관상을 수상했으며, 언론을 통해 이마트는 적지 않은 홍보효과도 누릴 수 있었다.

하지만 1년이 지난 시점에서 볼 때, 이익을 본 노브랜드와 달리 당진 어시장은 생각보다 큰 혜택을 얻지 못했다는 평가가 지배적이다.[13] 2층 노브랜드를 방문한 소비자들이 1층 어시장을 방문해 수산물을 구매할 것이라는 예상과 달리, 대부분 2층만 방문하고 1층 매장을 들르지 않았다. 수산물 등의 신선식품이 필요할 때는 인근 롯데마트를 방문한다는 것이다. 손님이 많지 않으니 어시장에서는 신선식품을 취급하기 어려워졌고, 이 때문에 건어물이나 젓갈 위주로 판매하다 보니 다시 손님이 줄어드는 악순환이 발생했다. 어시장의 상인들은 노브랜드가 들어온 후 별로 나아진 게 없다고 이야기한다.

상리공생으로 생각했던 관계가 결국 편리공생으로 끝나고 만 것이다. 하지만 아직 이마트의 이러한 노력이 의미 없다고 결론 짓는 것은 성급한 것으로 보인다. 2017년 8월 경기도 안성맞춤시장 내 들어선 노브랜드의 상생스토어는 재래시장과 노브랜드 모두에게 이익이 되는 방향으로 발전하고 있다는 평가가 있다. 물과 기름처럼 어색한 동거가 되지 않기 위해서는 이마트의 노력뿐만 아니라 재래시장 상인들의 스스로 변화하려는 노력도 필요해 보인다.

편리 공생의 성공 : 실버택배

편리공생의 또 다른 사례로 2013년부터 CJ대한통운이 추진하고 있는 실버택배 사업을 들 수 있다.[14] 이는 노인일자리 창출을 위해 정부와 협력해 진행되는 사업으로 정부 산하기관에서 65세 이상의 노인 배송원을 모집·관리하고 CJ대한통운에서 사업모델 개발·택배 물량 공급을 담당하고 있다. 택배 차량이 지정된 아파트 단지에 진입하면 노인들이 이를 분류한 후 친환경 전기 카트를 이용해 최종배송을 담당하는 것이다. 정부 기관의 협조 덕분에 CJ대한통운은 큰 부담 없이 노인들에게 좋은 일자리를 제공

할 수 있었다는 점에서 편리공생의 성공 사례라 할 수 있다.[15]

이 사업 덕분에 CJ대한통운은 국내 기업으로는 최초로 미국의 경제잡지 〈포춘(Fortune)〉지가 선정하는 '세상을 바꾸는 혁신기업 50'에 포함되었으며, 'CSV포터상'을 수상할 수 있었다.

일방적인 희생: 기생

또 다른 공생관계인 기생(Parasitism)은 자신의 이익을 위해 상대방에게 피해를 준다는 점에서 일반적으로 비난을 받는다. 또한 좋지 못한 관계를 비하할 때 흔히 사용되는 용어이기도 하다.

하지만 만약 자신이 희생하면서 상대에게 기꺼이 이익을 주겠다는 이타적 목적으로 형성된 관계라면 반드시 나쁜 관계라 할 수 없다. 이 경우 소비자들의 반응도 이익을 본 쪽을 탓하기보다 자신을 희생한 다른 쪽을 칭찬하는 방향으로 진행될 가능성이 크다.

인공지능이 해준 와퍼 광고

먼저 부정적인 기생의 관계를 보여주는 대표적인 사례로 구글 어시스턴트를 이용한 버거킹의 와퍼 광고를 들 수 있다. 2017년 4월 버거킹은 구글의 인공지능(AI) 기반의 음성 비서 서비스인 '구글 어시스턴트'를 이용해 자사의 대표 메뉴인 와퍼를 광고하다 여론의 비난을 받았다.[16]

15초짜리 TV 광고는 한 직원이 "OK, 구글. 와퍼 버거가 뭐야? (OK, Google. What is the Whopper burger?)"라고 문자 탑재된 홈 기기와 개인 스마트폰이 의도치 않게 반응하여 위키피디아 백과사전을 검색, 와퍼에 대한 내용을 찾고 이를 음성으로 들려주는 내용이다. 그런데 이때 인공지능이 설명해주는 내용은 "방부제가 없는 100% 쇠고기 직화 패티……"라는 식의 광고 문구였다. 물론 우연이 아니었다. 누구나 참여할 수 있는 백과사전인 위키피디아의 특성을 이용해 버거킹이 사전에 의도적으로 와퍼의 설명을 바꾸어놓은 것이다. 이 같은 수정을 한 사람의 아이디는 'Fermanchado123'이었는데, 바로 버거킹의 마케팅 담당자 페르난도 마차도(Fernando Machado)의 이름을 딴 것이었다.

매우 재치 있는 광고 아이디어라고 칭찬할 수도 있겠으나, 구글 어시스턴트의 불필요한 안내를 듣고 싶어 하지 않는 사람에게는 성가신 소음이었다. 이들은 구글과 버거킹에 강력하게 항의했다. 이에 구글은 구글 어시스턴트가 더 이상 버거킹의 광고에 반응하지 않도록 조치했고, 위키피디아의 내용도 과거 10년 동안 제품 설명에 사용되어 왔던 "와퍼는 버거킹의 …… 시그너처 햄버거입니다"로 돌려놓았다. 하지만 버거킹에 분노한 일부 사람들은 위키피디아에 기재된 와퍼의 설명을 "암을 유발시키는", "쥐가 들어간" 등의 문구로 바꿔 복수하려 했으며, 이에 위키피디아는 와퍼에 대한 설명 편집을 제한했다.

결국 구글 어시스턴트에 기생해서 이익을 보려고 한 버거킹의 시도는 구글 어시스턴트의 음성인식 능력이 떨어지고 위키피디아 기반의 검색을 한다는 단점을 노출시킴으로써 상당한 피해를 준 사례라 할 수 있다. 이러한 논란에도 불구하고 이 광고는 2017년 칸 광고제에서 디렉트 부분 그랑프리를 수상했다.

매일유업의 희생

다음으로 기생의 긍정적 관계를 살펴보도록 하자. 이 경우 기생이란 표현보다는 이타적 사랑이라는 표현이 좋을 것 같다. 흔히 소리 없이 착한 일을 하는 숨은 희생자들의 이야기를 소셜미디어의 '미담 사냥꾼'들이 발견해 확산시킨다. 이 경우 소비자들에게 더 깊은 감동과 울림을 줄 수 있다. 앞서 '공유' 파트에서 살펴본 바와 같이 소비자에게 감동을 주는 콘텐츠는 강한 감정적 반응을 불러옴으로써 확산의 속도가 빠르다.

먼저 대표적인 사례로 매일유업이 국내에서 유일하게 생산하는 특수분유를 들 수 있다.[17] 일반인들은 잘 모르는 사실이지만, 5만 명당 한 명꼴로 단백질, 탄수화물, 지방 등 필수 영양소를 제대로 분해하지 못하는 선천성 대사이상 장애를 가진 아이들이 태어난다. 이 아이들은 모유뿐 아니라 일반 분유를 전혀 먹지 못하며, 제대로 된 식단관리를 하지 못할 경우 각종 장애를 겪게 되고 심하면 사망에 이를 수 있다고 한다. 이들을 위해 매일유업은 1999년부터 18년째 여덟 가지 종류의 유아식 10개 제품을 자체 기술로 생산해 판매하고 있다. 또한 외식이 어려운 환아의 가족들을 초청해 특별한 식단의 만찬을 계획하고, 아이들을 돌보는 데 유익한 정보를 제공하는 가족캠프를 진행하는 등 여러 방면에서 이들을 지원하고 있다.

사실 매일유업은 수요가 부족한 이 사업을 유지하기 위해 매년 수억 원대의 손실을 보고 있음에도 사회적 책임감을 가지고 이들을 돕는 것이다. 이 사실이 뒤늦게 알려지면서 소셜미디어에서는 매일유업의 숨은 선행을 칭찬하는 목소리가 높았다.

러쉬의 브랜드 철학

자신의 이익을 포기하면서도 원칙을 지키는 기업의 행동은 브랜드 콘셉트를 강화하는 데에도 도움이 될 수 있다. 영국의 코스메틱 브랜드 '러쉬(LUSH)'의 동물실험 반대가 이를 잘 보여준다. 러쉬는 중국 정부에서 제품이 인체에 유해하지 않다고 입증할 수 있는 동물실험을 하지 않을 경우, 제품의 수입을 불허하겠다고 통보하자 약 50조로 추정되는 중국 화장품 시장을 과감히 포기했다. 중국이라는 큰 시장을 잃은 아쉬움은 있지만 러쉬가 브랜드의 철학을 훼손하지 않으려 노력하는 모습을 보여줌으로써 이 사건은 브랜드 콘셉트를 강화하는 계기가 되었다.

그밖에도 러쉬의 친환경 브랜드 콘셉트 유지를 위한 일관된 노력은 계속되어 인도네시아의 열대우림을 해치는 팜오일을 제품 원료로 사용하지 않기로 결정했으며, 포장 재료의 90% 이상을 재활용 또는 친환경 소재로 하겠다는 원칙도 지키고 있다. 또한 양질의 친환경 재료로 제품이 만들어지는 과정을 유튜브에 공개해 생산 공정의 투명성을 제고했다는 점에서도 소셜미디어를 중심으로 한 소비자들의 강력한 지지를 받고 있다.

신이라 불리는 기업

　한편 요즘 오뚜기의 숨은 선행들이 뒤늦게 알려지면서 소셜미디어에서 '갓뚜기(God + 오뚜기)'를 응원하는 글들이 쏟아지고 있다. 또한 오뚜기의 제품을 구매하자는 구매운동까지 벌어졌다. 덕분에 오뚜기의 매출액과 순이익은 크게 증가했으며, 문재인 정권에서 마련한 '기업인과의 대화' 자리에서도 14개 대기업과 함께 중견기업으로는 유일하게 초청받기도 했다.

　오뚜기의 선행은 2016년 9월 함태호 회장이 사망하면서 본격적으로 세상에 알려지기 시작했다. 함 회장은 1992년부터 수술비가 없어 심장병으로 사망하는 어린이들이 많다는 사실을 안타까워하며 24년 동안 무려 4,000명 이상의 아이들의 수술비를 지원했다. 함 회장의 사망 소식이 알려지자 성인이 된 아이들이 빈소를 찾아와 슬퍼하는 모습이 언론에 보도됐고, 미담 사냥꾼들은 오뚜기의 숨겨진 선행들을 파헤치기(?) 시작했다. 그렇게 해서 밝혀진 것이 소위 '오뚜기의 7대 선행'이라 불리고 있다.

　함 회장은 심장병 어린이 수술비 지원 이외에도 장애인 복지재단에 300억 이상 주식을 기부했다. 또한 사망 3일 전에는 1,000억 원 상당의 주식을 사회공헌 활동을 하는 오뚜기 재단에 기부하고 그 나머지를 장남인 함영준 현 오뚜기 회장에게 상속했는데, 함영준 회장은 다른 모 기업들의 자녀들과 달리 1,500억 원의 상속세를 편법 없이 총 5년 분납으로 정당하게 납부하고 있다. 또한 함태호 전 회장은 비정규직을 쓰지 않겠다는 신념으로 마트 시식사원 1,800명을 정규직으로 채용하기도 했으며, 기업 사정이 좋지 않을 때에도 협력업체 대금만큼은 제때에 지급했고 어떤 갑질도 하지 않아 평판이 매우 좋은 것으로 알려져 있다.

이뿐 아니라 2016년 원재료 값 인상을 근거로 타 라면업체들이 가격을 인상할 때도 오뚜기 라면만큼은 10년째 가격을 동결해 소비자들의 찬사를 받고 있다. 이 덕분에 소비자들은 소셜미디어를 중심으로 오뚜기 라면을 먹자는 운동을 벌였고, 오뚜기는 2017년 상반기 기준으로 라면시장에서 22.4% 시장점유율을 기록해 삼양(11.2%)을 큰 차이로 따돌리고 농심(55.8%)에 이어 시장 2위를 차지했다. 마지막으로 석봉토스트의 김석봉 대표의 자서전을 통해 최근에 알려진 사실도 있다. 석봉토스트가 노숙자에게 하루 100개의 토스트를 무료로 나눠주는 자선활동을 하는 것을 알고 오뚜기가 석봉토스트에 소스를 무상으로 공급했다는 것이다.

브랜드의 방패막이가 되는 것

이러한 기업들의 이타적 활동들이 지속될 경우, 브랜드가 위기에 처했을 때 큰 방패막이 될 수 있다. 얼마 전 오뚜기의 진짬뽕에서 초록색의 노린재가 발견된 사건이 있었다. 이 제품을 구매한 소비자는 오뚜기의 고객센터로 신고했고, 방문조사가 진행된 후 한참이 지나서야 자사의 상품권으로 보상해주겠다는 통보를 받았다. 이에 화가 난 고객이 언론에 이 사실을 제보하면서 일반 소비자들에게까지 사건이 알려지게 되었다.

오뚜기는 1차 방문조사와 2차 식품의약품안전처 조사를 종합한 결론을 바탕으로 고객과 소통한다는 매뉴얼에 따라 진행되다 보니 대응이 다소 늦어졌다고 해명했다. 하지만 조사 기간 동안 또 다른 피해자가 발생할 수 있다는 점을 감안할 때, 해당 제품이 유통되는 채널에 빠른 연락을 취해 최종 결과가 나올 때까지 판매를 일시적으로 중단하는 선조치를 취하지 않았다는 비난을 피하긴 어려워 보였다.

그런데 흥미로운 일이 벌어졌다. 이 사건을 다루는 뉴스 기사에 달린 댓글 중에 오뚜기를 비난하는 게 아니라 그 실수를 감싸주려는 의견이 적지 않았다는 것이다. '오뚜기 = 착한 브랜드'라는 기본 믿음을 가진 소비자들은 새로운 정보 유입 시 부정적인

정보라 할지라도 가능한 긍정적인 방향으로 해석하려는 가설일
치 검증(hypothesis-consistent testing)을 할 가능성이 높기 때문
이다.

착한 일하고 욕먹기

한편, 기업이 누군가를 돕는 이타적 활동들이 자칫 생색내기로
비춰지지 않도록 주의할 필요가 있다. 이 경우 긍정적인 브랜드
구전은커녕 소셜미디어를 통해 부정적 여론이 빠르게 확산될 위
험이 있다. 2008년 중국 쓰촨성의 대
지진 피해가 있었을 당시, 프랑스의
대형 유통업체인 까르푸가 300만 위
안(약 4억 9,000만 원), 노키아가 1,000
만 위안(약 16억 4,000만 원)을 재해복
구 성금으로 기부했지만 중국 소비자
들로부터 칭찬을 받기는커녕 오히려
인색한 외국인 기업들이라 비난받으
며 불매운동까지 전개되었다.[18]

▲중국의 국민 음료 왕라오지
(출처: 위키피디아)[19]

이들 외국 기업들과 대조적으로 중

ㅣㅣㅣㅣ공

국의 국민 음료수라 불리는 '왕라오지'는 1억 위안(약 164억 2,000만 원)을 기부했고 여기에 더해 자원봉사자까지 현장에 파견해 직접 복구활동을 도왔다. 그 덕분에 중국에는 '기부하려면 1억 위안, 마시려면 왕라오지!'라는 구호가 생겨났고 당시 중국 소비자들의 적극적인 구매 참여로 마트에 왕라오지 음료가 없어서 못 팔 정도였다고 한다.

기업의 이러한 이타적 사랑의 스토리는 외부 고객인 소비자가 아니라 내부 고객인 직원들에게 노출될 때도 소셜미디어를 통해 확산·공유될 수 있다. 안산시 단원구에 위치한 엔진 피스톤 전문 제조업체인 동양 피스톤의 홍순겸 회장은 세월호 침몰로 딸을 잃은 황인열 씨가 딸을 찾겠다며 제출한 사표를 반려하고 7개월간 급여를 지급해 화제가 되었다.[20] 평소 회사의 경쟁력이 직원들로부터 온다고 굳게 믿던 홍 회장은 황 씨에게 "회사 걱정 말고 딸부터 찾은 다음에 이야기하자"며 사표를 반려했다고 한다.

홍 회장은 언론사와의 인터뷰에서 "직원들이 기술을 가지고 회사를 나가면 회사가 운영될 수 있겠느냐"고 말했으며, 실제 동양 피스톤 직원들의 애사심은 매우 높아 2010년 이후 이식률이 1%도 되지 않는다고 한다. 이는 직원의 가족마저 자신의 가족으로 생각하는 철학을 가진 리더십의 힘이라 할 수 있다. 홍순겸 대표는 2015년 제 12회 기업인 명예의 전당에 헌정되기도 했다.

해가 되는 희생

　그런데 누군가를 위한 이타적 행동은 다른 누군가에게 예상치 못한 피해를 주기도 한다. 시애틀에 위치한 아마존 본사에는 바나나를 무료로 제공하는 두 개의 리어카(Banana Stand)가 있다.[21] 원래는 제프 베조스 CEO가 아침을 먹고 오지 못하는 직원들을 배려해서 만든 것이나, 현재는 그 범위를 확대해서 누구나 공짜로 바나나를 얻을 수 있는 곳이 되었다. 출근 시간대인 오전 8~9시 사이에는 아마존 직원뿐 아니라 인근 직장인들이 너나 할 것 없이 방문해 바나나를 받아서 사라지곤 한다. 이렇게 소비되는 바나나의 양은 연간 170만 개가량 된다고 한다. 리어카 앞에는 "하루 한 개의 바나나는 병원에 갈 일을 없게 한다"고 적혀 있다.

　얼핏 생각하면 직원들의 건강을 챙기는 것을 넘어 이웃을 배려하는 베조스의 따뜻한 마음이 전해져 아마존은 역시 남다른 기업이라는 찬사를 보내고 싶을지도 모르지만, 적지 않은 부작용도 있다. 우선 인근에서 바나나를 팔고 있던 기존 가게들이 큰 피해를 보고 있다. 회사 앞에서 공짜로 바나나를 나눠주는데 굳이 돈을 내고 더 먼 곳까지 가서 바나나를 사야 할 이유가 없기 때문이다. 좀 더 넓게 보면 인근에 아침 식사를 제공하는 음식점들도 피해를 볼 수 있다. 또한 아무렇게나 버려진 바나나 껍질 때문에 인근 가게들은 청소에 골머리를 앓기도 한다. 직원들뿐 아니라 인근 직장인들을 배려한 이타적 행동이 제3자에게는 독이 될 수 있음을 보여주는 대목이다.

용서받지 못할 편해공생

　　마지막 공생의 유형은 한쪽만 손실을 보고 다른 쪽은 득실이 없는 편해공생(Amensalism)이다. 사실 자연계에서도 편해공생의 관계는 상대적으로 많지 않다. 다른 세균을 죽이지만 자신은 득실이 없는 푸른곰팡이의 페니실린 사례가 자주 언급된다. 페니실린은 항생제의 원료로 사용되어 인간에게 도움을 주지만 경제주체 간 관계에서 발생하는 편해공생은 대부분 보복과 관련되어 소비자의 부정적 감정을 자극할 수 있다. 특히나 권력의 상하관계가 존재하는 대상들(예: 업주와 직원) 간 편해공생은 공정하지 못하다는 인식이 강해 소셜미디어를 중심으로 강력한 비난의 대상이 된다.

사장님, 왜 그러셨나요?

이와 관련된 대표적인 예가 동전으로 임금을 지급하는 행위이다. 우리는 벌써 수년째 동전 임금 이야기를 들어오고 있다. 이 책을 쓰면서 검색해보니 2017년 9월에도 국내 한 유명 백화점에 입점한 의류 매장에서 퇴사하는 직원에게 월급을 동전으로 지급한 사건이 있었다.[22] 평소 사이가 좋지 않던 직원이 직장을 그만두면서 못 받은 월급 77만 원을 요구하자, 총 50kg에 달하는 동전 네 자루를 지급했다는 것이다. 동전으로 임금을 지급하는 행위가 아직 법적 제재 대상은 아니기 때문에 업주에게는 큰 득실이 없지만, 이걸 가져가야 하는 직원에게는 큰 해를 줄 수 있는 행동이다. 이 때문에 한국은행은 최근 동전 거래 개수를 제한하는 법을 만들어, 향후 직원이 동전으로 지급하는 임금을 거부할 수 있는 법적 근거를 제공하고자 노력하고 있다고 한다.

[Tipping Point]

<u>히수타 나무와 슈마니 개미</u>

아마존 열대우림 지역에 있는 한 숲에는 '히수타(Duroia hirsu-ta)'라는 나무 외에는 그 어떤 식물도 자라지 못해 '악령의 정원'이라 불리는 곳이 있다고 한다.[23] 원주민들에게는 악령이 지배하는 공포의 숲으로 여겨진다. 악령의 정원에는 대체 무슨 일이 있었기에 히수타를 제외한 다른 식물들이 감히 발을 내딛지 못하는 땅이 된 것일까? 처음에 사람들은 히수타 나무가 먼저 뿌리를 내리고 그늘을 만들었기 때문에 다른 식물이 자라지 못한 것이라 생각했다.

하지만 진짜 원인은 예상외의 것이었다. 바로 히수타 나무에 서식하는 슈마니(schumanni) 개미였다. 미국 스탠포드 대학의 연구 팀은 악령의 정원 근처 두 지역에 각각 히수타 나무가 아닌 다른 나무들을 심고, 그중 한 지역에만 슈마니 개미들이 다닐 수 없도록 통제했다. 그 결과 개미가 다니지 못하는 지역에는 다른 나무들이 죽지 않고 잘 자라는 것을 확인할 수 있었다. 그 후 개미가 어떻게 다른 나무들을 죽이는지에 대한 심층연구를 진행했다. 일반적으로 개미에게는 적을 공격할 때 사용하는 포름산이라는 화학물질이 있는데, 슈마니 개미들은 이것을 다른 나무에 사용하는 것으로 밝혀졌다. 히수타 나무는 개미에게 보금자리를 제공하고 개미는 히수타 나무가 번성할 수 있게 보호해주는 공생의 관계였던 것이다.

요즘 주변에서 히수타 나무와 개미의 관계를 쏙 빼닮은 공생관계가 적지 않게 목격된다. 자신들만 더 잘 살기 위해서 모두를 희생시키는 공생관계. 소셜미디어 시대의 소비자들은 분명히 지켜보고 있다. 그들의 공생이 자신만을 위한 것인지, 아니면 모두를 위한 것인지. 장기밀매의 범죄를 다룬 영화 "공모자들"의 대사가 떠오른다. "조금만 비겁해지면 참 살기 좋은 세상이야." 소셜미디어는 더 이상 그들이 살기 좋은 세상을 허락하지 않는다.

▲ 히수타 나무와 슈마니 개미(출처: 위키피디아, 앤트위키)[24]

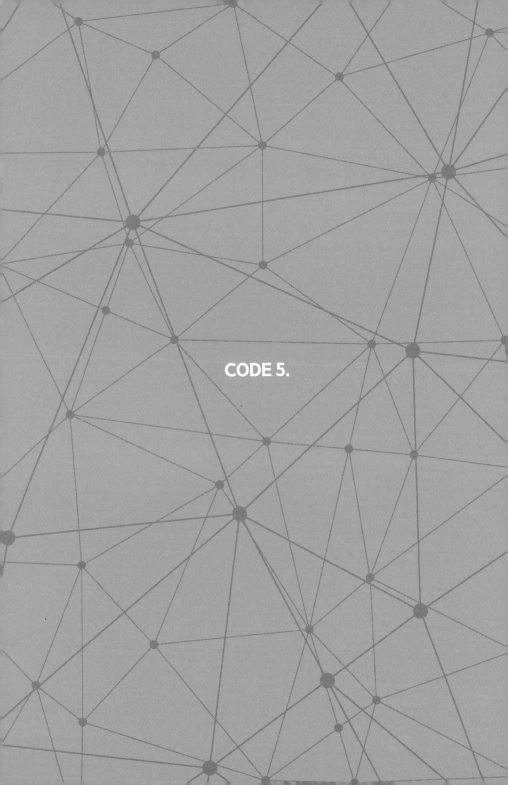

CODE 5.

공정

투명함과 공평함, 새로운 성공의 요건이 되다

분배비율 1대 9, 응하시겠습니까?

여러분에게 간단한 게임을 하나 제안할까 한다.[1] 게임 방식은 아주 간단하다. 먼저 서로가 누구인지 모르는 두 사람이 한 팀을 구성한다. 이후 필자가 한 팀당 10만 원을 줄 것이고, 상대방이 이 돈을 당신과 몇 대 몇의 비율로 나눌지 결정해서 당신에게 제안할 것이다. 당신은 이 제안을 받아들일지 거절할지 결정하기만 하면 된다. 만약 당신이 제안을 받아들일 경우 제안된 금액을 받을 수 있지만, 거절한다면 두 사람 모두 한 푼도 받을 수 없다. 기회는 단 한 번이고 팀원들 간 협상은 불가하다. 상대방이 1 대 9의 비율로 나누자고 제안한다. 당신이 받을 수 있는 돈은 1만 원뿐이다. 거절하면 이마저도 받을 수 없다. 여러분은 제안을 받아들일 것인가?

사실 이 게임은 행동경제학자들이 인간의 비합리적 의사결정을 보여주기 위해 사용한 '최종제안게임(Ultimatum Game)'이라 불리는 실험 방법이다. 고전경제학자들의 주장처럼 인간이 언제나 합리적인 의사결정을 내리는 동물이라면, 상대방의 제안 금액이 0원이 아닐 경우 무조건 제안을 받아들이는 것이 이익이다. 또한 합리적인 추론을 통해 이를 알고 있는 상대방은 최대한 0원에 가까운 제안을 함으로써 이익을 극대화할 수 있다.

합리성만이 인간의 본질은 아니다

하지만 실험 결과는 이와 달랐다. 20% 이하의 금액을 제안할 경우 절반 이상의 사람들이 이를 거절했다. 한 푼도 받지 않는 선택을 한 것이다. 또한 제안자는 대략 46%의 금액을 제안하는 것으로 나타났다. 이러한 비합리적인 의사결정은 참가자들의 성별, 나이, 교육수준 등과 무관하게 발생했다.[2] 다만 자본주의 문화가 발달한 서양 문화권에서는 제안된 금액이 다소 낮은 약 26%였고, 집단주의의 공동체 문화가 발달한 동양 문화권에서는 다소 높은 약 50%로 차이가 있었다.

왜 이런 결과가 나타났을까? 인간은 한결같이 합리적으로 행동하는 이성적 존재가 아니라 감정에 따라 의사결정이 달라질 수 있는 존재이기 때문이다. 즉, 공정하지 못하다고 인식하는 경우 자신의 이익을 포기하더라도 상대방을 처벌하고자 한다.

인기 상품을 비싸게 팔 때 벌어진 일

이처럼 공정은 소비자의 의사결정에 매우 중요한 역할을 할 수 있다. 과거 코카콜라는 날씨에 따라 가격이 자동으로 변하는 자판기 출시를 계획했다. 기온이 낮아지면 콜라의 소비가 줄어들 것이므로 가격을 낮추고, 반대로 기온이 올라가면 수요가 증가될 것이므로 가격을 올리는 방식이다. 하지만 결국 코카콜라는 이 계획을 철회했다. 새로운 자판기를 본 소비자가 이를 불공정한 가격정책으로 받아들일 수 있고, 그렇게 되면 장기적으로 브랜드 자산가치에 부정적인 영향을 미칠 수 있다고 판단했기 때문이다.

공유경제(sharing economy)를 대표하는 우버(Uber) 택시의 이용 가격도 수요에 기반을 둔다는 점에서 이와 비슷하다. 가령 비가 오는 퇴근 시간에는 택시에 대한 수요가 높아 같은 거리를 이

동하더라도 평소보다 높은 비용을 지불해야 한다. 따라서 우버의 가격정책도 공정성에 대한 소비자의 불만이 끊임없이 제기되고 있다.

하지만 수요 기반의 가격정책이 반드시 소비자의 비난을 받는 것은 아니다. 혹시 독일 베를린에 있는 '베를리너 리퍼블릭(Berliner Republik)'이라는 레스토랑에 대해 들어본 적이 있는가? [3] 이 곳은 맥주의 주문량에 따라 수시로 가격이 변동하는 맥주거래소를 운영해 유명해졌다. 손님들은 레스토랑 안에 비치된 모니터를 통해 맥주 가격의 변화를 실시간 모니터링하고 주문량이 몰리지 않는 저렴한 시점에 주문하려고 노력한다. 이는 결과적으로 수요를 분산시켜 서비스 품질을 유지하는 데 도움이 된다. 뿐만 아니라 소비자들은 맥주 가격이 주문량에 따라 변화하는 것에 대해 불만을 늘어놓는 대신 이를 재미있는 이벤트라고 생각하는 경향이 있다.

베를리너 리퍼블릭과 우버에 대한 소비자들의 반응이 다른 이유는 뭘까? 필자의 생각으로는 우버가 소비자 결핍의 문제를 해결하기 위한 필수재의 성격을 가지는 기능적 콘셉트(functional concept)의 브랜드인 반면, 베를리너 리퍼블릭은 반드시 필요하지는 않지만 삶의 즐거움을 주는 쾌락재의 성격을 가지는 경험적 콘셉트(experiential concept)의 브랜드이기 때문으로 보인다. 소

||||공

비자는 기능적 콘셉트의 브랜드에 대해서는 유독 가성비를 따지고 가격 변화에 민감한 특성이 있다. 따라서 기능적 콘셉트의 브랜드를 마케팅해야 하는 경우에는 가격 공정성의 이슈를 좀 더 심각하게 바라볼 필요가 있다.

기업을 처벌하는 소비자들

한편 2008년 영국의 패션 브랜드인 막스앤스펜서(Marks & Spencer)는 빅 사이즈의 브래지어를 구매 시 추가로 2파운드를 지불하도록 해 소비자들의 원성을 산 사건이 있었다. 이후 소셜미디어를 중심으로 막스앤스펜서가 공정하지 못한 가격정책을 쓰고 있다는 비난이 일어나 브랜드 이미지에 치명적인 손실을 입었다. 그 결과 막스앤스펜서는 추가 가격 지불 제도를 철폐했을 뿐 아니라 소비자들에게 사죄하는 의미로 모든 사이즈의 브래지어를 일정 기간 동안 25% 할인 판매했다.

소셜미디어 시대에는 공정성과 관련된 이슈들이 중요하게 부각되고 있다. 기업이 공정하지 못한 행동들을 하고 있다고 인식될 경우 과거와 달리 이를 처벌(?)할 수 있는 방법이 어렵지 않기 때문이다. 예를 들어, 소셜미디어에 자신이 경험한 기업의 불공정 행위를 넋두리하듯 적으면 비슷한 경험을 한 다른 소비자들이 결집하고 서로의 경험들을 공유하면서 부정적인 구전이 빠르게 확산되며 불매운동으로까지 연결될 수 있다.

공정을 평가하는 두 잣대, 투명성과 공평함

그렇다면 우리가 일상에서도 자주 사용하는 '공정(公正)'이란 말의 정확한 의미는 무엇일까? 공정의 사전적 의미는 "공평하고 올바름"이다. 공평(公平)은 어느 쪽으로도 치우치지 않고 고름을 의미하며, 올바름은 사회를 구성하고 유지하는 데 필요한 도리, 즉 '정의(正義)'를 의미한다. 필자는 이러한 사전적 정의를 기반으로 공정을 판단하는 기준은 크게 두 가지라고 생각한다. 첫째, 어떤 일의 과정과 결과가 투명해야 하고, 둘째, 권력에 의해 부당한 이유로 차별을 받지 않아야 한다. 즉, 투명성(transparency)과 공평함(impartiality)이 공정성을 평가하는 핵심 잣대이며, 소셜미디어 시대에는 두 가지 요소가 기업을 평가하는 매우 중요한 기준이 되고 있다.

소비자,
투명성을
요구하다

먼저 소셜미디어 시대에는 기업이 소비자에게 뭔가를 감추는 것이 쉽지 않다. 행동경제학자인 이타마르 시몬슨(Itarmar Simonson)의 주장에 따르면 오늘날은 판매자와 구매자 간 정보의 비대칭성이 거의 존재하지 않는 '완전 정보 시대'이므로, 소비자들은 제품의 절대가치를 비교적 쉽고 정확하게 파악한 상태에서 의사결정에 활용할 수 있다. 소셜미디어 시대의 우리는 그동안 몰랐던 수많은 진실들을 마주하고 있다. 그 진실은 때로는 긍정적이기도, 때로는 부정적이기도 하다. 따라서 소셜미디어 시대를 반드시 기업에 불리한 시대라고 단정 지을 수는 없다. 하지만 분명한 것은 기업이 부정적 진실을 감추다 뒤늦게 알려질 경우, 과거보다 훨씬 더 큰 위험에 빠지게 될 가능성이 높다는 사실이다.

2015년 일본의 패스트 패션 브랜드인 유니클로의 '이월제품 가격표 논란'이 이를 잘 보여준다. 유니클로는 전년도인 2014년에 생산되어 1년이 지난 이월 티셔츠의 가격표에 스티커를 붙여 오히려 더 비싸게 팔다가 적발되었다. 한 소비자가 소셜미디어에 이러한 사실에 대한 문제를 제기하면서, 비슷한 경험을 한 소비자들의 글들이 공유되었고 유니클로에 대한 불매운동을 하자는 움직임으로 확산되었다.

스스로 투명해지는 기업들

이에 따라 소셜미디어 시대의 투명성이 얼마나 중요한지를 인식한 최근의 일부 기업들은 뭔가를 감추려는 노력을 아예 포기했다. 그들은 오히려 다소 과해 보일 정도로 많은 정보를 공개함으로써, 이를 시장 차별화의 수단으로 활용하고자 하는 적극적인 모습을 보이고 있다.

대표적인 사례가 2011년 미국 샌프란시스코에 설립된 패션 브랜드인 에버레인(EVERLANE)이다. 이 회사는 "고품질의 제품을 가격거품 없이 제공한다"는 콘셉트로 '밀레니얼 세대의 갭(GAP)'이란 별칭을 얻을 만큼 대중적 브랜드로 사랑받고 있으며, 눈부신 속도로 성장(매출 변화: 2015년 560억 원 → 2016년 1,125억 원)하고 있다.[4] 이러한 성장의 비결은 에버레인이 제조공정과 생산원가뿐 아니라 기업의 마진까지 모두 소비자에게 공개한 데 있다. 이를 통해 가장 투명한 패션기업의 이미지를 얻었기 때문이다. 예를 들면 할리우드 스타인 안젤리나 졸리가 LA공항에 들고 나타나 화제가 되었던 가죽 핸드백 '페트라 토트백'의 경우, 총 생산원가인 205달러(이탈리아산 가죽 100달러, 금속 부자재 32.5달러, 인건비 50.96달러, 관세 8.26달러, 항공 운송료 12.82달러)에 기업 마진 160달러를 더해 365달러에 판매된다는 가격 책정 내역이 완전히 공개되었다. 또한 같은 제품이 백화점에서 판

▲각 상품의 가격 책정 내역을 공개하는 에버레인
(출처: 에버레인 홈페이지)

매될 경우 생산원가 160달러에 1,095달러의 유통 마진이 더해져 가격이 무려 1,300달러가 된다고 강조함으로써, 에버레인의 제품 가격이 얼마나 합리적으로 책정되었는지를 눈으로 확인시켜 준다. 이는 결국 에버레인의 제품을 구매하는 사람이 겉멋을 부리지 않는 합리적이고 의식 있는 소비자로 비춰질 개연성이 크다는 뜻이다. 영화배우 제시카 알바, 슈퍼모델 지지 하디드 등 많은 연예인들도 에버레인의 제품을 즐겨 찾는 것으로 알려져 있다. 에버레인의 창업자이자 CEO인 마이클 프레이스먼은 창업 동기를 묻는 질문에 패션유통 업계만큼 불투명하고 비효율로 가득 찬 산업이 없으며, 소비자는 제조공정과 가격 책정 방식에 대해 전혀 알 길이 없다는 점에서 이를 해결하고 싶었다고 말했다.

칸투칸의 '투명함' 전략

국내에서도 '투명성'을 핵심전략으로 유통구조를 개선해 성공한 패션 브랜드가 있다.[5] 바로 '칸투칸'이다. 이 회사는 "투명함으로 인해 당신의 소비는 점점 더 밝아질 것입니다"라는 슬로건 아래 제품원가를 원 단위로 공개하는가 하면, 판매개수, 상품 후기, 구매 만족도 등 소비자가 궁금해 할 수 있는 모든 정보를 여과

없이 제공해 소비자와의 신뢰관계를 구축하고 있다.

칸투칸은 유명 배우 대신 사내 임직원을 모델로 활용하며, 백화점이나 유명 온라인 오픈마켓(예: G마켓)에 입점하지 않음으로써 유통비용을 10~20%가량 줄였다. 따라서 판매가 대비 원가율이 50~60%나 되는 질 좋은 원자재를 사용한 경쟁력 있는 제품들을 출시할 수 있다. 또한 오프라인 매장은 단 20개의 직영점만 운영해 인건비와 임대료 등을 절약했으며, 온라인 매장은 오직 자사몰만 운영하고 있다. 사실 대다수 국내 패션업체의 전체 매출 가운데 온라인 매출이 차지하는 비중은 10% 정도이며, 그 중 자사몰 매출은 10%도 채 안 된다. 이 점을 감안할 때, 100% 자사몰만 운영해 전체 매출의 75%를 올리고 있는 칸투칸의 유통구조는 가히 혁신이라 이야기할 만하다. 모든 유통채널을 직영으로 운영하는 덕분에 제품 판매 후 3일 이내에 판매금액을 전액 회수할 수 있어, 현금회전율이 매우 높은 것도 장점이다.

또한 조직 운영의 측면에서도 불필요한 대면회의를 최소화하고 온라인 채팅으로 대부분의 회의를 진행하고 있으며, 가끔은 협력업체(원자재업체, 하청업체)들과 고객들을 초대해 의견을 듣고 제품 개발 아이디어에 반영한다. 이러한 합리적인 조직문화 덕분에 불필요한 업무가 감소하고 인건비가 절약되어 동종업계의 타 기업과 비교할 때 직원들에게 높은 수준의 연봉(대졸 초임 기준

3,800만 원)을 줄 수 있어 유능한 인재를 초빙하는 데 도움이 되는 선순환 구조가 이어지고 있다. 칸투칸은 2012년 357억 원이던 매출이 2016년 547억 원으로 빠르게 성장해 패션업계의 다크호스로 주목을 받고 있다.

하루에 60마리만 파는 치킨집

투명성을 비즈니스 모델로 성공을 거둔 기업이 패션업계에만 있는 것은 아니다. 치킨 프랜차이즈 브랜드인 '60계 치킨'도 좋은 성공 사례이다. 이 회사의 핵심 브랜드 콘셉트는 "매일 깨끗한 기름으로 단 60마리만 튀겨서 판매하는 것"이다.[6] 60계 치킨의 프랜차이즈 본사에서는 매일 모든 가맹점에 새 기름 한 통을 무상으로 공급한다. 이를 통해 각 매장은 소비자들에게 깨끗한 기름으로 만든 건강한 튀김을 제공할 수 있다.

2016년 기준 전국의 치킨 집이 약 4만 개가 되지만 그중 30%는 하루 30마리를 팔지 못한다고 한다.[7] 따라서 60마리라는 숫자는 사실 그리 적은 숫자가 아니다. 그렇다면 깨끗한 기름 이외에 다른 성공 비결이 있는 것일까? 과거 BBQ와 같은 브랜드들이 올리브유를 쓴다는 등 깨끗하고 좋은 기름과 관련된 이슈를 선점했

지금 '60계' CCTV 어플로
깨끗한 주방을 확인하세요!

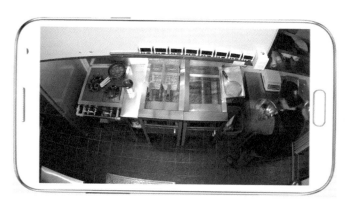

▲치킨이 조리되는 주방을 대중에 공개한 60계 치킨(출처: 60계 치킨)

음에도 불구하고, 60계 치킨이 단기간에 100호점을 돌파하며 주목받고 있는 이유는 소비자에게 조리 과정을 투명하게 보여주는 차별화를 시도했기 때문이다.

소비자들은 주방에 설치된 CCTV와 연결된 스마트폰 앱을 통해 실제 자신이 주문한 치킨이 조리 과정을 확인할 수 있다. 몇 해 전 D피자의 두 종업원이 피자를 만드는 과정에서 더러운 장난을 하는 동영상이 소셜미디어를 타고 확산되면서 음식점의 제조공정에 대한 신뢰가 중요한 화두가 된 적이 있었다. 60계 치킨은 이러한 소비자의 투명성에 대한 욕구를 잘 충족시킴으로써 소비자의 마음을 사로잡을 수 있었다.

통제 밖에서 날뛰는 정보

이처럼 소셜미디어 시대에는 투명성이 점점 중요해짐에도 불구하고 여전히 적지 않은 기업들이 자신에게 부정적인 정보를 소비자들로부터 감추려 한다. 하지만 이는 매우 위험한 생각이다.

마케팅 학자들은 소셜미디어 마케팅 전략을 기획할 때 고려해야 하는 요소를 6C로 정리한다.[8] 기업(Company), 콘텐츠(Contents), 커뮤니티(Community), 고객(Customers), 소통(Conversation), 통제(Control)가 그것이다. 즉, '기업'의 장단점을 분석한 후 이를 고려한 마케팅 '콘텐츠'를 만들어 온라인 '커뮤니티'에 제공하면 '고객'들 간 '소통'이 이루어지며 새로운 2차 콘텐츠로 발전하고 확산되는 과정을 이끌어낸다는 주장이다. 이때 중요한 것은 기업이 생산한 콘텐츠가 커뮤니티에 제공되고 나면 더 이상 '통제'가 불가능해진다는 사실이다. 만약 의도치 않은 방향으로 고객들 간 소통이 진행되고 그 때문에 부정적인 2차 콘텐츠가 만들어지더라도, 기업은 이를 통제하기가 쉽지 않다.

|||||공

아니, 애초에 통제하기 위한 개입을 해서도 안 된다. 만약 부정적 콘텐츠를 제거하기 위해 기업이 적극적인 개입을 하는 경우, 소셜미디어 운영의 투명성이 저해되어 향후 소셜미디어를 더 이상 커뮤니케이션의 채널로 활용할 수 없게 된다. 그뿐만 아니라 브랜드 자산에도 부정적인 영향을 미치게 될 가능성이 높다.

이와 관련된 사례로 현대자동차가 페이스북에서 진행한 '제네시스 이름을 이용한 사행시 짓기 캠페인'을 들 수 있다.[9] 이것은 현대자동차의 고급 차종인 제네시스로 사행시를 지어 응모하면 그중 가장 많은 호응(좋아요, 댓글 등)을 얻은 작품의 주인에게 스타벅스 커피 쿠폰을 주는 이벤트였다. 관리자가 예시로 내건 사행시는 "제우스의 바람기가 내게 온 듯, 네 옆얼굴에 내가 반했다. 시크하고 쿨하던 내 얼굴에, 스리슬쩍 미소가 떴다"였다. 하지만 실제 소비자들의 호응을 가장 많이 받은 작품들을 살펴보면 제네시스를 조롱하는 내용이 대다수였다. 예를 들면 이런 식이다. "제네시스에서 또 물이 새네요. 네, 현대차는 원래 그렇게 타는 겁니다. 시속 80km/h로 박아도 에어백이 안 터지네요. 스스로 호구 인정하셨네요, 호갱님." 이 같은 내용에 소비자들은 "이게 정답이네요", "님이 짱 먹으셈" 등의 동조하는 반응을 보였고, "현대자동차님 왜 댓글 안 다세요?"라는 당황스러운 댓글도 있었다. 이에 당황한 관리자는 부정적인 사행시들을 삭제했다. 호

Jumee Yoon 제:제네시스에서 또 물이 새네요
네:네, 현대차는 원래 그렇게 타는 겁니다
시:시속 80km/h로 받아도 에어백이 안 터지네요
스:스스로 호구 인정하셨네요 호갱님
좋아요 · 답글 달기 · 👍98 · 11월 2일 오후 9:59

> 이게 정답이네요
> 좋아요 · 18시간 전

> 님이 짱먹으셈..
> 좋아요 · 8시간 전

> **Joon-ho Hyun** 님쫌짱인듯ㅋㅋㅋ
> 좋아요 · 4시간 전 · 수정됨

> **Jong Ho Choi** 확실하네요.
> 좋아요 · 3시간 전

> 당신이 혁오입니다=_=b
> 좋아요 · 2시간 전

> 님이 최고십니다
> 좋아요 · 2시간 전

> 장원 급제 감입니다.
> 좋아요 · 약 1시간 전

> 현대자동차님 왜 댓글 안다세요?
> 좋아요 · 29분 전

> 현대자동차님 왜 댓글 안다세요? 댓글좀 달아주세요
> 좋아요 · 5분 전

> 답글 달기...

▲제네시스 사행시 이벤트 당시 페이스북 화면

응이 좋은 응모자들에게 커피 쿠폰을 주겠다는 당초의 약속을 어긴 것이다. 당연히 사람들의 강한 항의를 받았다.

비록 소셜미디어가 전통적 미디어에 비해 여러 장점을 가졌다

할지라도, 기업의 통제권이 매우 제한적이기 때문에 커뮤니티에 전달되는 최초의 콘텐츠는 최대한 신중하게 고민할 필요가 있다. 기업이 운영하는 소셜미디어에 '좋아요'를 누른 팔로워들 중에는 브랜드의 열렬한 팬도 있지만 부정적 감정으로 '너네들이 얼마나 잘하는지 지켜보자'는 앙심을 품은 안티팬도 있다는 사실을 잊지 말아야 한다.

공평함을
둘러싼
논쟁:
분리인가,
차별인가

투명성과 함께 공정성을 판단하는 또 다른
기준은 '공평함'이다. 우리는 권력에 의해 부당한 이유로 차별을
받을 때 불공평하다고 이야기한다. 차별을 합리화하려는 권력자
들은 차별을 '분리'라고 포장한다. 학자에 따라 관점이 다르겠지
만, 필자의 소견으로 볼 때 둘의 차이는 다음과 같다. 분리의 경우
나눠진 집단들 중 어떤 집단도 불행해지지 않는다.

하지만 차별의 경우 나눠진 집단 중 특정 집단이 상대적으로
더 불행해진다. 특히 자신이 선택할 수 없는 조건 때문에 차별을
받음에도 권력에 저항할 수 없는 경우, 사람들이 인식하는 불공

평에 대한 불만의 정도는 커지게 된다.

버스 보이콧

예를 들어 피부색은 내게 선택할 여지없이 주어진 것이다. 그럼에도 피부색에 따라 흑인과 백인을 분리하고 백인들이 더 행복할 수 있는 조건을 만드는 것은 분리가 아닌 차별이라 할 수 있다.[10] 하지만 미국의 인종주의자들은 이를 차별이 아닌 분리라고 오랫동안 주장해왔으며 미국의 법원도 이에 동조하는 판결을 해왔다.

미국 흑인 인권 운동의 출발이 되었던 '흑인들의 버스 안타기 운동'은 이를 잘 보여준다. 1950년대 미국에서는 버스 좌석을 인종에 따라 구분하는 '버스 내 좌석 인종 분리 정책'이 있었다. 앞자리 10개는 백인 전용, 나머지 뒷자리는 유색인종으로 '분리'하는 것이다. 백인들은 자신들이 앉는 좌석 옆으로 흑인들이 지나가는 것을 불쾌하게 생각했고, 이 때문에 흑인들은 관례적으로 버스 앞문에서 돈을 내고 차에서 내려 뒷문으로 다시 올라가야 했다. 문제는 백인들의 10개 자리가 다 찰 경우였다. 대부분이 백인이었던 버스 기사들은 앉아 있는 흑인들에게 자리를 양보하라고 강요했다.

1955년 몽고메리시에서 버스를 탄 로잔 파크스라는 한 흑인 여성은 백인들에게 자리 양보를 거부했다가 버스기사의 신고로 경찰에 연행되었다. 이 사실이 알려지면서 그녀를 옹호하는 인권주의 단체에서 법원에 소송을 제기했지만 법원은 '차별이 아닌 분리'라는 명목으로 버스기사와 경찰에게 잘못이 없다는 판결을 내렸다. 그래서 시작된 것이 바로 '미국 흑인들의 버스 안 타기 운동'이었고, 그 중심에 등장한 인물이 당시 26세의 마틴 루터 킹 목사였다.

결국 1956년 미국 연방 최고재판소에서는 버스 내 좌석 인종 분리 정책이 위헌이라는 판결을 내렸다. 이는 분리와 차별의 차이를 잘 보여주는 사례라 할 수 있다. 다만 이 같은 노력에도 불구하고 미국의 인종차별 문제는 이후로도 오랜 시간 동안 암묵적으로 유지되었다. 예를 들어 1980년대 후반 153개 자동차 판매 대리점에서 진행된 신차 구매 가격을 조사한 결과, 흑인들의 평균 자동차 구매 가격이 백인들에 비해 900달러나 더 높은 것으로 확인되었다.[11]

불평등 1: 기업이 소비자에게

　미국 흑인들이 버스 안 타기 운동을 진행했던 과거에는 사람들에게 행동의 이유와 방법 등을 설명하고 이에 동참하도록 촉구하는 메시지를 전달하는 일이 쉽지 않았다. 하지만 소셜미디어 시대에는 불평등 사례를 쉽게 전파·공유할 수 있고 이에 공명한 사람들을 결집해 실제 행동으로 유도하는 것이 그리 어렵지 않은 일이 되었다. 따라서 기업들은 소비자들의 부정적 감정을 발생시킬 수 있는 불평등 행위를 하지 않도록 각별한 주의가 필요하다.

　소셜미디어에서 이슈가 되는 불평등은 크게 세 가지 유형으로 분류해볼 수 있다. 첫째는 기업이 소비자를 대하는 자세와 관련이 있다. 미국의 패션 브랜드인 아베크롬비앤피치(Abercrombie & Fitch)가 대표적인 사례이다.[12] 아베크롬비의 CEO인 마이크 제프리는 오래 전부터 인종차별과 외모차별로 유명한 인물이다. 과도한 백인 우월주의를 가진 것으로 알려진 그는 2000년대 초반까지만 해도 '미개인들이 사는 아시아와 아프리카에는 진출하지 않는다'며 매장을 내지 않는 오만함을 보였다. 그러다 2008년 글로벌 금융위기로 매출이 하락하자 위기를 느낀 아베크롬비는 그제야 일본, 홍콩 등 아시아 시장에 신규 매장을 내며 진출하게 된다.

또한 이 회사는 뚱뚱한 고객이 들어오면 매장 분위기를 흐린다며 빅 사이즈(X-Large 이상)의 여성 의류는 아예 매장에서 취급하지도 않았으며, 출중한 외모를 지닌 백인들만 매장 직원으로 고용했다가 소송을 당해 500억 원의 벌금을 지불해야 했다. 이러한 사실에 분노한 크리스티 앨리 등의 할리우드 스타들은 아베크롬비에 대한 구매 거부 의사를 밝혔으며, 이 회사의 차별 정책에 반대하는 소비자들의 불매운동도 소셜미디어를 통해 확산되고 있다.

불평등 2: 소비자가 기업의 직원에게

두 번째 불평등의 유형은 소비자가 기업의 직원을 대하는 자세이다. 최근 소비자의 갑질 문제가 심각한 사회 문제로 대두되고 있다. 2013년 P그룹의 대기업 임원이 라면이 짜고 제대로 익지 않았다는 이유로 여자 승무원을 폭행한 사건, 2015년 30대 여성 고객이 귀금속 액세서리를 무상 수리해달라는 요청을 거절당하자 매장 직원을 무릎 꿇고 사과하게 만든 사건 등이 소셜미디어를 통해 일파만파 확산되면서 사회적 분노를 낳았다. 특히 계약직이나 인턴과 같은 고용이 불안한 직원들은 소비자의 갑질에 말한마디 못하고 고개를 숙여야 한다. 이러한 소비자 갑질 문제의

원인은 어쩌면 고객을 왕으로 대
하는 잘못된 태도에서 비롯된 것
일지도 모른다.

▲대기업 임원의 승무원 폭행 사건을
패러디한 이미지

　최근 심리적 파워(psychological
power)와 관련된 소비자 심리학
분야의 연구 결과에 따르면, 고객
을 왕으로 보기보다 철없는 아이
로 보는 것이 갑질 문제 해결에 도
움이 될 것으로 보인다. 심리적 파
워는 '자신이 파워를 갖고 있다는 심리적 상태'를 의미하며, 심
리적 파워가 높은 경우 타인에게 주의를 기울이지 않고, 타인의
관점에서 문제를 바라보려는 공감능력이 낮아지며, 자신의 고정
관념에 의존한 의사결정을 할 가능성이 증가하고, 비윤리적 행동
가능성이 높아지게 된다.[13] 소비자는 일반적으로 자신이 직원보
다 제품에 대해 잘 알고 있고, 브랜드에 대한 자신의 매출 기여도
가 매우 높다고 생각하며, 직원들이 자신에게 극 존대어를 사용
하며 자세를 낮출 경우 심리적 파워가 증가하게 된다. 이는 고객
을 왕으로 대하는 자세가 소비자의 심리적 파워를 증가시켜 갑질
행위의 중요한 원인이 될 수 있음을 의미한다. 따라서 제품에 대
한 높은 지식수준과 자신감으로 무장한 직원들이 소비자를 아무

것도 모르는 철없는 아이로 대하는 접근 방법이 소비자의 심리적 파워를 낮춰 갑질 문제를 해결하는 좋은 대안이 될 수 있다.

심리적 파워와 관련된 한 가지 흥미로운 점은, 우리가 단 2분 동안만 특정 자세를 취하는 것으로도 호르몬이 변화해 파워 수준이 조절된다는 사실이다.[14]예를 들어 다소 거만한 자세로 앉아 있거나 감독관의 자세로 서 있는 경우 지배력과 관련된 호르몬인 테스토스테론(Testosterone)이 증가하고 스트레스 호르몬인 코티졸(Cortisol)이 감소하게 된다. 반면 몸을 움츠리고 앉아 있다거나, 손을 모으고 지시를 기다리는 대기 자세를 취할 경우 호르몬의 변화는 반대로 나타난다. 이는 직원들의 자세 교정을 통해서도 소비자와의 심리적 파워를 효과적으로 조절 가능함을 의미한다.

최근 국내에서 진행된 한 연구 결과에 따르면 모니터의 각도에 따라서도 제품 광고에 대한 주의와 기억이 달라지는 것으로 확인되었다.[15] 노트북 모니터의 각도가 90도에서 70도, 50도로 작아질수록 온라인 매장을 찾은 손님은 상품을 위에서 아래로 내려다보게 되어 심리적 파워 수준이 높아지고 제품 광고에 대한 주의와 기억이 낮아지는 것으로 확인되었다. 이는 과거 패밀리레스토랑의 종업원들과 같이 낮은 자세로 제품에 대한 설명을 하고 주문을 받는 것이 고객의 파워 수준을 통제하는 데 효과적이지 않은 방법일 수 있음을 의미한다.

최근에는 갑질 고객으로부터 직원들을 좀 더 적극적으로 보호
하려는 움직임도 나타나고 있다. "우리 직원이 고객에게 무례한
행동을 했다면 직원을 내보내겠습니다. 그러나 우리 직원에게 무
례한 행동을 하시면 고객을 내보내겠습니다." 2015년 프랜차이
즈 도시락 업체인 '스노우폭스(SNOWFOX)'의 김승호 회장이 최
초로 공시한 공정서비스 권리 안내문이다. 해당 글은 소셜미디어
를 통해 빠르게 확산되었고, 2년이 지난 지금 직원들에게 모욕적
인 언어나 행동을 하는 이른바 진상고객을 내쫓겠다는 안내문을
공지하는 음식점들을 주변에서 심심치 않게 찾아볼 수 있게 되
었다.[16] 인터넷 누리꾼들은 직원과 알바생들도 누군가의 귀한 자
식이고 부모라며 직원을 보
호하려는 기업들의 움직임
에 대체로 긍정적인 반응을
보이는 듯하다. 현대카드도
상담 직원들을 보호하기 위
해 고객이 상담과정에서 성
희롱을 할 경우 일방적으로
통화를 종료할 수 있도록
하는 '엔딩폴리시(ending
policy)'를 실시하고 있다.

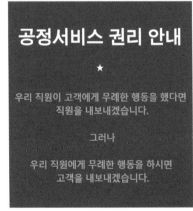

▲스노우폭스의 공정서비스 권리 안내문
(출처: 스노우폭스)

불평등 3: 소비자가 소비자에게

마지막 불평등의 유형은 소비자와 소비자 간 차별이다. 사실 이러한 차별은 우리도 모르는 사이에 무의식적으로 발생할 가능성이 높다. 예를 들어 개인 간 대출을 제공하는 P2P 금융서비스에서는 대출자의 신뢰도를 평가하는 가장 중요한 기준이 외모였다. 즉, 신뢰를 줄 수 있는 외모를 가진 대출자는 상대적으로 대출 가능성이 높았다(흥미롭게도 실제 대출 상환율도 높은 것으로 밝혀졌다). 또한, 1978년 펜실베니아 법원의 판결 내용을 분석한 결과, 가해자의 외모가 피해자보다 더 매력적인 경우 벌금이 절반 정도밖에 되지 않았다는 연구 결과도 있다.

이처럼 우리는 자신이 모르는 사이에 수없이 많은 차별 문제에 직면하고 있으며, 이를 해결하는 것은 쉽지 않다. 하지만 기업들이 차별 문제를 알면서도 방관할 경우 소비자들의 비난의 대상이 될 수 있으므로 적극적인 해결 자세를 보일 필요가 있다. 특히 소비자와 소비자를 중개하는 비즈니스를 하는 기업의 경우 이러한 노력은 더욱 중요하다. 최근 온라인 비즈니스가 성장하면서 비즈니스 플랫폼의 디자인이 의도치 않게 소비자 상호 간의 차별화를 부추기고 있다는 비판이 제기되고 있다.

2017년 벤자민 에델만 교수(Benjamin Edelman)의 연구 팀

은 공유 숙박업을 하는 에어비앤비(Airbnb)에서 벌어지고 있는 인종차별 문제를 현장 실험으로 검증한 연구 결과를 발표했다.[17] 이들은 먼지 1974년부터 1979년 사이 미국 매사추세츠(Massachusetts) 주에서 태어난 아이들의 이름을 정리한 후, 빈도가 높은 백인 남녀의 이름 각 5개와 흑인 남녀의 이름 각 5개를 선택했다. 연구 팀은 이를 이용해 20개의 에어비앤비 계정을 만든 후 집주인들에게 8주 후 주말에 해당 집에서 머물고 싶다는 6,400개의 문의 메일을 보냈다. 문의자의 이름을 제외한 모든 정보는 동일하게 했으며, 흑인과 백인에 따른 숙박 승인율의 차이가 있는지를 비교했다.

그 결과 표에서 보는 바와 같이 집주인의 인종과 성별에 관계없이 게스트의 계정이 흑인일 때에 비해 백인일 때 승인율이 더

주인의 인종과 성별	게스트의 인종과 성별			
	백인 남성	흑인 남성	백인 여성	흑인 여성
백인 남성	42%	35%	49%	32%
흑인 남성	64%	40%	59%	43%
백인 여성	46%	35%	49%	44%
흑인 여성	43%	38%	53%	59%

▲게스트와 주인의 인종, 성별에 따른 숙박 승인율의 차이

높은 것으로 나타났다. 흑인 여성이 주인인 경우에만 인종보다는 성별(여자 선호)에 따른 승인율의 차이가 있는 것으로 확인되었다. 또한 흑인 계정에 대해 거절을 한 집주인들 중에는 과거에 흑인 게스트를 전혀 받지 않았던 사람들이 대부분인 것으로 밝혀져 인종차별적 성향을 가진 집주인들이 존재한다는 결론을 얻을 수 있었다.

에어비앤비에서는 이러한 인종차별 문제를 심각하게 받아들이고 이를 해결하기 위한 대책위원회를 조직했다. 이들은 인종, 성별에 따른 숙박 승인율을 정기적으로 집계하고 있으며, 비록 결과를 공개하고 있지는 않지만 여러 가지 실험을 통해 인종차별 문제를 해결하기 위한 노력을 하고 있다.[18] 가령 집주인의 사진을 초기 검색 결과에서 보여주지 않을 경우 예약률에 변화가 생기는지 확인하는 것이다. 이처럼 온라인 시장에서 발생하는 인종이나 성별의 차별 문제는 플랫폼의 디자인을 변경함으로써 어느 정도 보완이 가능하다. 우선 서비스 이용에 반드시 필요한 정보가 아니면 가급적 정보 공개를 줄이는 것이다. 또한 이른바 디폴트 효과(default effect)를 이용해 인종차별을 하려면 기본 설정을 변경해야 하는 등 귀찮음을 느끼게 만드는 것도 좋은 대안이 될 수 있다. 즉, 우버와 같이 차량 예약이 완료되고 난 후에 운전자의 정보를 공개해 예약 취소는 할 수 있지만 귀찮아서 그대로 진행

||||| 공

하도록 유도하는 것도 좋은 대안이 될 수 있다.

　온라인 비즈니스를 하는 기업들(예: 구글, 아마존 등)의 검색 또는 추천 알고리즘이 인간의 판단을 배제하고 완전히 자동화되면 이러한 차별 문제가 어느 정도 해결될 수 있을까? 레이 피스먼(Ray Fisman)과 마이클 루카(Michael Luca) 연구 팀은 그렇지 않다고 답한다. 예를 들면 구글과 같이 완전 자동화가 된 검색 알고리즘에서도 사용자가 흑인인지 백인인지에 따라 차별적 검색 결과를 노출시킨다. 예를 들어 백인들에 비해 흑인들에게 범죄 기록 정보를 제공해주는 업체에 대한 광고를 더 자주 노출시키는 식이다. 유사한 소셜 아이덴티티를 가진 사람들의 검색기록을 알고리즘에 활용하기 때문이다. 아직 국내에서는 온라인 시장에서의 차별화 문제가 크게 부각되지 않는 것으로 보이지만, 소셜미디어 시대에는 그 어느 때보다 불평등에 대한 이슈에 소비자들이 민감하게 반응하기 때문에 관련 기업들은 향후 이를 대비해 차별화를 없애기 위한 노력에 최선을 다할 필요가 있다.

불공평에 관한 연구들

앞서 살펴본 에어비앤비의 사례의 시사점 중 하나는, 특정한 이름에 대한 고정관념이 의식적인 영역에서뿐 아니라 무의식적인 영역에서도 편견과 차별을 불러올 수 있다는 점이다.

사실 심리학자들은 이름에 대한 선입견과 이것이 행동에 미치는 영향에 대해 오래 전부터 관심을 가져왔다. 이들이 수행한 여러 연구들 가운데에는 이름과 관련된 재미있는 실험도 있다. 여기에서 그중 몇 가지를 소개해볼까 한다.

스콧같이 생긴 스콧

　먼저 사람의 외모와 이름의 관계에 대한 연구이다.[19] 실험 참가자들에게 다른 어떠한 정보도 없이 상반신을 찍은 인물 사진한 장을 보여주고 4~5개의 보기(예: 조지, 스콧, 애덤, 브루스 등) 중그 사람의 이름을 맞춰보라고 했다. 흥미롭게도 정답률은 최대40%로 무작위로 선택할 때보다 높았다. 필자도 실제 논문에서제시된 2개의 사진, 즉 스콧과 제임스의 사진을 보고 문제를 풀어보았는데 스콧은 사진을 보고 정확히 이름을 맞출 수가 있었다.신기하게도 왠지 스콧처럼 보였다.

　물론 이렇게 말하는 사람이 있을지도 모른다. 최소 1,000번 이상 실험을 반복하면 무작위로 선택하는 것과 똑같은 확률로 수렴할 것이라고. 그래서 저자들은 컴퓨터에게 특정 이름을 가진 사람들의 여러 사진들을 보여주고 이름과 외모 간의 관계를 머신러닝으로 학습시켰다. 그런 후 10만 개가 넘는 사진을 보여주면서2개 이름 중 정답을 고르도록 했는데, 정답률은 54~64%로 무작위로 고를 때의 확률인 50%보다 높은 것으로 나타났다. 이는 얼굴 사진을 보고 이름을 어느 정도 정확하게 맞출 수 있음을 의미한다. 이러한 '얼굴-이름 매칭 효과(face-name matching effect)'가 발생하는 이유는 무엇일까?

연구자들은 동일한 이름을 가진 사람들이 하나의 가상적인 부족(tribe)을 형성하고 자신의 부족에서 인정받기 위해 무의식적으로 동일한 외모를 추구하는 경향이 있어 외모의 전형성이 나타나기 때문이라 설명한다. 우리가 이름에 대해 가지는 선입견이 그 나름대로 과학적 증거들이 있다니 참으로 흥미롭다. 만약 향후 연구에서 얼굴과 이름이 아닌 행동과 이름의 관계가 밝혀진다면 온라인 시장에서 이름으로 차별을 경험하는 사례들이 더 많아질지도 모른다.

앞서 언급한 P2P 금융대출에서 이름을 보고 그 사람의 성실함과 책임감 등을 예측하고 이를 근거로 대출 여부를 결정한다면, '이름 차별'이라는 새로운 차별의 유형이 만들어지고 많은 사람들이 동일한 이름을 쓰는 세상이 올지도 모르겠다.

이름이 비슷하면 생기는 일

이름과 관련된 또 다른 연구 주제가 있다. 소비자들은 이름이 비슷한 사람들에게 어떻게 반응할까? "이름이 유사한 게 무슨 의미가 있겠어?"라고 생각하기 쉽지만 의외로 제법 큰 힘을 발휘할 수 있다. 사람들은 자기 이름의 첫 글자와 동일한 글자를 이름으

로 가진 정치 후보자에게 후원금을 낼 가능성이 높다고 한다. 즉,
자신과 유사한 이름을 가진 사람들에게 더 호의적인 감정을 가지
고 긍정적으로 행동하는 경향이 있다.

이를 잘 보여주는 아주 흥미로운 연구가 하나 있다. 이름의 시
각적 유사성이 설득 효과에 미치는 영향을 분석한 4회의 실험 연
구이다.[20] 첫 번째 실험에서는 91명의 심리학과 학생들에게 시
나리오를 각각 읽게 했다. 이때 실험 참가자들을 두 그룹으로 나
누어 한 그룹에게는 시나리오 주인공의 이름과 실험 참가자들
의 이름이 유사하도록 조정했고(예: Robert Greer와 Bob Gregar,
Cynthia Johnson과 Cindy Johanson), 다른 그룹에게는 주인공의 이
름과 실험 참가자들의 이름이 유사하지 않도록 한 후(중립적 성별
의 다소 긍정적으로 평가된 Kerry Stanlin이란 이름을 사용) 각각 주인공
에 대해 어떻게 생각하는지 물어보았다. 그 결과, 주인공의 이름
이 참가자들의 이름과 비슷한 경우 주인공을 상대적으로 더 좋아
했고, 심지어 주인공이 참가자 자신과 성격이 유사할 것이라 판
단했으며, 만약 도움을 요청하면 기꺼이 돕겠다고 응답했다.

두 번째 실험은 첫 번째 실험의 결과가 참가자와 주인공의 이
름이 유사하기 때문이 아니라, 어쩌면 주인공의 이름이 참가자들
에게 더 친숙하기 때문에 발생했을지도 모른다는 의심을 해소하
기 위해 진행되었다. 첫 번째 실험에서 참가자와 유사하지 않은

중립적 이름으로 사용한 'Kerry Stanlin' 대신, 친숙도가 매우 높은 'Smith, John, James, Mary' 등의 이름을 사용해 참가자와 유사한 이름을 사용할 때와 결과를 비교했다. 결과는 첫 번째 실험과 동일했다. 이는 이름의 친숙함이 아니라 유사함이 소비자의 긍정적 반응을 유도하는 데 도움이 된다는 것을 보여준다.

이후 진행된 두 차례의 실험 결과들은 더욱 흥미롭다. 앞서 진행된 두 차례의 실험에서 이름의 유사성이 태도나 행동의도에 미치는 영향을 분석했다면, 이후 실험들은 이름의 유사성이 행동에 직접적으로 영향을 미치는지를 확인했다. 먼저 세 번째 실험에서는 우편으로 설문을 요청할 때 발신인의 이름이 수신인의 이름과 유사한 경우 설문의 회수율이 더 높은지를 분석했다. 100명의 심리학과 대학생들을 두 그룹으로 나누어, 한 그룹에는 발신인의 이름을 수신인과 유사하게 했고 다른 그룹에는 연구 조교 다섯 명의 이름 중 하나를 임의로 써서 발송했다. 그 결과, 유사한 이름을 발신인으로 사용한 경우의 회수율이 그렇지 않은 경우보다 유의하게 높은 것으로 확인되었다(38% 대 20%).

마지막 실험에서는 설문 대상자를 바꾸어 학생이 아니라 60명의 대학교수를 대상으로 똑같은 내용의 실험을 진행했는데, 유사한 이름을 가진 수신인의 응답률이 높은 결과는 동일했다(56% 대 30%). 그런데 재미있는 것은 참가자들 중 그 누구도 이름의 유사

|||| 공

성이 자신의 행동에 영향을 미쳤다고 생각하지 않는다는 점이다. 무의식적으로 영향을 미친 것이다.

소셜미디어 시대에는 차별적 요소를 제거하는 것이 기업들에게 매우 중요한 과업이다. 하지만 실험에서 나온 것처럼 의식이 아닌 무의식 속에서 차별이 발생할 가능성이 크다는 점을 생각하면 이는 사실 말처럼 쉽지 않다. 그렇다고 어쩔 수 없는 것으로 치부하고 손을 놓아버리기에는 브랜드 자산가치에 미치는 영향이 너무 크다. 적어도 노력하는 모습은 보여야 한다.

공평을
향한
노력들

지금까지 언급한 세 가지 유형의 불평등 이외에도 기업 내 직장상사의 성추행, 비정규직 노동자의 임금체불, 경비원 폭행 사건, 우유업체들의 대리점 밀어내기 관행 등도 소셜미디어를 통해 빠르게 확산 · 공유되며 오랫동안 공들여 쌓아온 브랜드 자산가치를 순식간에 무너뜨릴 수 있는 불공정 사례들이다. 그뿐 아니라 하청업체의 노동자인권 문제 등도 기업들은 남의 문제로 방관할 수 없다.

예를 들어 애플과 삼성전자 등이 생산하는 스마트기기에서 핵심소재로 사용되는 금속인 코발트의 약 60%가 주로 아프리카 콩

고에서 생산된다. 그런데 코발트 광산의 노동환경은 매우 열악해 기계 없이 맨손으로 땅을 파서 금속을 채취한다고 한다. 이렇게 하루 동안 쉬지 않고 일해도 노동자들이 받는 대가는 고작 2달러에 불과하다. 심지어 일손이 부족하다는 이유로 어린이까지 동원되어 노동착취를 당하고 있다. 이 코발트 광산에서 뺨을 맞고 구타를 당하는 어린이의 사진이 소셜미디어를 통해 확산되면서 관련 기업들은 소비자들의 비난을 받게 되었다. 이에 따라 애플, 삼성SDI, 소니, HP 등의 글로벌 IT기업들은 '책임 있는 코발트 조치(Responsible Cobalt Initiative)'를 만들어 노동착취 근절을 위해 함께 노력하고 있다. 소비자들은 기업들이 본사의 직원들뿐 아니라 계약업체 노동자들의 인권도 개선하려는 책임 있는 자세를 보이지 않을 경우 분노하기 때문이다.

모두를 위한 시계

한편 최근에는 신체적 장애와 상관없이 누구나 같은 행복을 누릴 수 있어야 한다는 평등의 공동체 의식이 확산되고 있으며 이를 브랜드 콘셉트로 하는 제품들도 소셜미디어상에서 큰 관심과 사랑을 받고 있다. 이를테면 '모두가 함께(everyone)'라는 의

▲시각장애의 벽을 허문 브래들리 타임피스(출처: 이원)

미를 가진 기업인 '이원(eone)'은 시각장애인이 비시각장애인
과 차별받지 않고 함께 사용할 수 있도록 눈으로 보는 시계가 아
닌 손으로 만져서 시간을 알 수 있는 시계 '브래들리 타임피스
(Bradley Timepiece)'를 출시해 큰 관심을 끌었다.

　브랜드네임은 아프가니스탄 전쟁에 참전해 두 눈을 잃었지만
이를 극복하고 장애인 올림픽 수영종목에서 금메달을 딴 브래들
리 스나이더(Bradley Snyder)와 눈으로 보는 손목시계(watch)가
아니라는 의미의 'Timepiece'를 결합해 만들어졌다. '만진다'는
독특한 방식을 통해 시각장애인과 비시각장애인 모두가 사용할

수 있도록 설계된 이 시계는 평등의 원칙을 강조함으로써 시장의
뜨거운 반응을 얻었다.

손으로 보는 앨범

누구나 한 권쯤 가지고 있지만 실상은 자주 보지 않는 책. 그러
나 누군가에게는 상상도 할 수 없는 책. 바로 졸업앨범이다. 시
각장애인에게도 분명 되돌아보고 싶은 추억은 존재한다. 하지
만 그들에게 졸업앨범은 일반인과 같은 선택의 대상이 아니다.
3D프린터 회사인 3D TEK은 2014년 서울맹학교 졸업생 여덟 명
을 위해 3D 프린터 기술을 적용한 '손으로 볼 수 있는 졸업앨범
(Touchable Yearbook)'을 제작해 선물했다. 일반적인 사진이 아
닌 한 명 한 명의 졸업생들의 상반신을 조각으로 표현함으로써
만져서 친구들의 얼굴을 확인할 수 있는 앨범이었다. 학생들이
졸업앨범을 손에 들고 행복해 하는 모습은 많은 이들의 마음을
울렸다. 광고대행사인 이노션이 제작한 이 스토리 영상은 2014
년 대한민국 광고대상에서 프로모션 부분 금상을 수상했다.[21]

나 같은 장난감

　장애인에 대한 선입견을 지우고 함께 행복한 세상을 만들기 위한 노력에는 장난감 제조업체들도 적극적으로 동참하고 있다.[22] 영국의 장난감 제조업체인 '메이키즈(Makies)'가 대표적인 사례이다. 메이키즈는 청각장애가 있어 보청기를 착용한 흑인 인형인 헤티, 시각장애로 안경을 쓰고 지팡이를 들고 있는 에바, 얼굴에 화상을 입은 것처럼 큰 분홍 반점이 있는 멜리사 등 조금은 특별한 인형을 출시했다. 이는 사실 장애아동을 자녀로 둔 세 명의 영국 여성들이 진행한 '나 같은 장난감(ToyLikeMe)' 캠페인이 거둔 성과였다. 그녀들은 장애를 앓고 있는 아이들이 자신의 모습과 비슷한 장난감을 가지고 놀 수 있다면 장애를 좀 더 자연스럽게 받아들일 수 있을 것이라 믿었다.

▲메이키즈의 나 같은 장난감
(출처: Makies 페이스북)

　이 캠페인의 아름다운 취지가 소셜미디어를 통해 확산되면서 캠페인 참여자의 수가 급격히 늘었으며, 메이키즈를 비롯한 많은 장난감 제조업체들이 실제로 관련

제품을 출시함으로써 캠페인에 동참했다. 가령 바비 인형 제조사인 마텔은 다양한 피부색, 머리색, 눈 색, 머리스타일 등을 조합해 33개의 인형을 새롭게 선보였으며, 레고도 휠체어를 타고 있는 장애인 피규어를 출시했다. 또한 남녀에 대한 성차별 문제까지 관심이 확대되어 총을 들고 있는 여아의 모습, 유모차에 아이를 태우고 돌보는 아빠의 모습을 형상화한 인형들도 출시되었다.

유나이티드 항공의 오버부킹 폭행 사건

마지막으로 공정성을 제대로 지키지 못해 기업이 위기를 겪게 될 경우 어떻게 이에 대응할 것인지에 대해 알아보도록 하자. 불공정 이슈가 불거져 소비자들이 브랜드에 분노하고 있다면 어떻게 해야 할까? 무조건 사실이 아니라고 딱 잡아떼는 것이 좋을까? 아니면 모든 걸 다 인정하고 무조건 사과해야 할까? 브랜드 위기관리(Brand Crisis Management)에는 정답이 없지만 반드시 지켜야 할 원칙과 주의사항이 있다. 최근 크게 이슈가 되었던 한 가지 사례를 통해 이를 구체적으로 알아보도록 하자.

　2017년 불공정 사례로 가장 많이 회자된 사건 중 하나는 4월 9일 미국 3대 항공사 중 하나인 유나이티드 항공(United Airlines, 이하 UA)의 이른바 '오버부킹 폭행 사건'이다.[23] 미국 국내선 항공기인 UA 3411편 승무원은 이미 착석한 승객들을 대상으로 오버부킹 문제를 해결하기 위해 탑승객들 중 네 명이 비행기에서 내려야 한다는 안내방송을 내보냈다. 처음에는 400달러의 보상금

▲사건이 일어난 유나이티드 익스프레스 3411편 항공기(출처: 위키피디아)[24]

과 호텔 바우처 제공을 약속했으나, 아무도 이 제안에 응하지 않자 보상액을 800달러로 올렸다. 그럼에도 불구하고 여전히 지원자가 없자, 이번에는 컴퓨터 시스템을 활용한 무작위 추첨 방식으로 하차할 승객들을 강제로 지정했다.

이때 지정된 승객들 중 69세의 베트남계 미국인 내과의사 데이비드 다오 박사는 다음날 오전 진료할 환자 예약이 잡혀 있다는 이유로 하차를 거부했다. 이에 UA 승무원은 공항 보안경찰을 불러 다오 박사를 강제로 자리에서 끌어냈고, 그 과정에서 다오 박사의 코뼈가 부러지고 두 개의 앞니가 뽑히는 끔찍한 사고가 발생했다.

이 모습을 지켜본 다른 승객들이 스마트폰으로 문제의 장면을 촬영해 소셜미디어에 공개하면서 고객에 대한 UA의 잘못된 태도와 행동을 비판하는 목소리가 일파만파로 번져나갔다. 또한 미국의 유명가수 리처드 막스(Richard Marx)와 같은 연예인들의 불매선언으로 UA 항공권에 대한 보이콧 움직임이 점차 확산되었다. 이로 인해 UA는 브랜드 이미지가 바닥으로 추락했으며, 주가 하락으로 약 3,000억 원의 시가총액이 감소하는 손실을 입게 되었다.

전체 좌석 수의 약 10%를 초과해 예약 받는 항공사의 오버부킹 관행 자체는 사실 불법행위도 아니고 도덕적 비난의 대상도 아니다. 일반적으로 항공기 예약자의 약 10%는 노쇼(No-Show, 예약취소 없이 당일 예약 장소에 나타나지 않음)할 가능성이 있다. 따라서 오버부킹을 통해 가능한 빈자리 없이 운항하고, 이로써 낮은 마진율 문제를 해결하려는 항공사의 입장도 수긍이 간다. 그뿐 아니라 오버부킹을 하지 못하도록 법적 강제조치를 취할 경우, 항공권 가격이 상승하면서 소비자의 또 다른 불만이 초래될 가능성도 있다. 따라서 이번 UA 사건의 핵심은 오버부킹 그 자체가 아니라, 이로 인해 발생한 사후 문제를 해결하기 위한 과정과 절차가 공정하지 않았다는 데 있다.

만약 승객들이 탑승하기 전 미리 오버부킹 사실을 공지하고, 이에 따른 보상을 제안했더라면 이미 탑승한 승객들보다는 자발적으로 자리를 양보할 가능성이 높았을 것이다. 또한 무작위 추첨으로 하차할 승객을 결정할 때 그 과정이 투명하지 못했다는 비판도 있다. 투표로 선정된 사람들이 공교롭게도 대부분 동양인이었다는 점에서 인종차별이 아니냐는 비난도 있었다. 이는 UA가 과거부터 인종차별이 심한 항공사라는 고정관념이 있기 때문이기도 하다. 하지만 더 중요한 것은 오버부킹 문제 해결을 제대로 하지 못해 발생한 위기상황에 대해, UA가 매우 부적절하게 대응했다는 점이다.

위기관리의 핵심

위기관리 분야의 전문가로 손꼽히는 쿰즈 교수(Timothy Coombs)는 위기를 조직과 이해관계자들에게 심각한 손실을 미칠 수 있는 '예측 불가능한 사건'으로 정의했다. 세상에 완벽한 기업은 없으며, 어느 기업이나 크고 작은 예상치 못한 사건으로 위기를 맞을 가능성이 있다. 다만 그 위기에 현명하게 대처해 소비자의 신뢰를 회복할 수 있는지는 위기관리 능력에 달려있다고 할 수 있다. 특히 고객과의 소통이 중요하다.

위기대응 커뮤니케이션의 핵심 키워드로 반드시 기억해야 할 단어는 CAT이다. 물론 고양이를 의미하는 것은 아니다. 바로 내용(Content), 태도(Attitude), 타이밍(Timing)이다. 이들 중 하나만 제대로 수행하지 못해도 위기대응에 실패할 가능성이 높다. 즉, 위기 극복을 위한 대 고객 커뮤니케이션은 꼭 필요한 내용을 빠지지 않게 담아 바람직한 태도로 적절한 시점에 전달해야 한다는

것이다. 그럼 지금부터 CAT의 관점에서 UA의 위기관리 능력을
평가해보도록 하자.

미숙한 위기 커뮤니케이션

UA의 CEO인 오스카 무노즈(Oscar Munoz)는 사건 발생 후 4
일 동안(4월 10~13일) 여러 차례 대내외적 입장 발표를 했다. 먼저
사건 발생 다음 날인 4월 10일, 그는 위기관리에 가장 중요한 시
점(Timing)에 첫 공개 사과 성명을 발표했는데 그 사과문의 내용
(Content)과 태도(Attitude)는 매우 부적절했다.

사과문의 내용에는 반드시 'CAP', 즉 해당 사건의 피해자에 대
한 진심 어린 관심과 걱정(Concern), 현재 상황을 해결하기 위한
(피해자 보상과 같은) 행동 계획(Action Plan), 직·간접 피해자, 더 나
아가 잠재 피해자의 신뢰 회복을 위한 바람직하며 실현가능한 재
발 방지 대책(Prevention)이 있어야 한다. 하지만 그의 사과문에
는 이번 사건의 직접 피해자인 다오 박사와 간접 피해사인 다른
탑승객들에 대한 걱정과 배려가 전혀 느껴지지 않았다. 애초에
사과문에는 사과의 주체와 대상도 분명하지 않았다. 이때 무노
즈는 다오 박사를 포함한 승객들의 피해에 대한 책임이 UA가 아

닌 CEO 자신에게 있음을 분명히 밝히고, 이를 어떻게 보상하고 앞으로 어떻게 재발을 방지할 것인지 명확하게 설명할 필요가 있었다.

더욱 경악스러운 사실은 첫 사과 성명이 나온 그날, 무노즈가 사건에 개입된 승무원들에게 그들의 행동을 지지하는 공개서한을 보냈다는 점이다. 승객의 공격적 행동을 저지하기 위해 규정과 절차에 따라 대응한 승무원들을 지지한다는 내용이었다. 이러한 사실이 언론에 공개되면서 사람들은 첫 번째 사과 성명의 진정성을 의심하는 것을 넘어 UA의 행태에 분노하게 됐다. 무노즈의 미숙한 위기 대응 커뮤니케이션은 과거에 그가 '소통을 잘하는 올해의 인물(Communicator of the Year)'로 선정된 이력이 있다는 사실을 감안할 때 쉽게 납득되지 않았다.

끝까지 실망스러웠던 수습

부정적 여론이 들끓자, 위기감을 느낀 무노즈는 4월 11일 직원들에게 첫 서한의 입장을 번복하는 내용을 담은 메시지를 다시 발송했다. 해당 사건이 여러 사람들에게 분노와 실망을 안겨준 매우 끔찍한 사건이고, 이에 대해 사과한다는 내용이었다. 하지만 여전히 누구에게 사과하는지, 어떤 보상을 할지, 재발 방지 대책은 무엇인지에 대한 내용이 전혀 없었다. 이 무렵 관련 사건에 대한 미국 백악관 대변인의 우려 섞인 브리핑이 있었고 여론 악화로 주가도 하락했다. 그제야 그는 4월 12일 ABC방송과의 인터뷰를 통해 시스템의 문제로 승무원들이 상식적인 판단을 하지 못했음을 인정하고, 향후 경찰을 불러 승객을 끌어내는 일이 없도록 하겠다고 약속했다. 또한 해당 항공편에 탑승한 승객들에게 항공료를 보상하겠다고 밝혔지만, 여전히 직접 피해자인 다오 박사에 대한 진심 어린 사과 내용은 없었다. 한편 무노즈는 자신의 퇴임 의사를 묻는 질문에 대해서는 강하게 부인했다.

다오 박사는 언론 인터뷰를 통해 1975년 베트남전쟁 때 호치민이 함락되어 배를 타고 베트남을 떠날 때보다도 더 끔찍한 경험을 했다고 말해 많은 이들의 동정심을 자극했다. 또한 그는 미국 10대 변호사 중 한 명으로 개인 상해 소송 분야 최고 권위자인 토머스 데메트리오 변호사를 법률 대리인으로 선정해 UA를 상대로 한 소송에 돌입했다.

사건 발생 후 4일이 지난 4월 13일이 되어서야 무노즈는 UA 홈페이지를 통해 마침내 다오 박사에 대한 사과의 메시지를 전달하고 재발 방지 대책을 발표한다. 앞으로 항공기의 안전·보안과 관련된 문제가 아니라면 강제로 승객을 하차시키지 않을 것이며,

고객중심적 사고를 할 수 있도록 직원들을 교육시키겠다는 내용이 포함되었다. 하지만 이미 사과의 골든타임을 놓친 후였다.

UA 사건이 발생하고 며칠 뒤, 또 다른 미국의 대형 항공사인 아메리칸 에어라인의 부적절한 고객 대응이 구설수에 올랐다. 아이를 안고 있는 여성 고객의 유모차를 강제로 뺏는 과정에서 아이를 떨어뜨릴 뻔한 사건이 있었고, 이를 항의하는 다른 고객에게 승무원이 너는 빠지라는 식의 대응을 한 것이다.

이러한 소식을 접한 한국 소비자들은 적지 않은 문화충격을 경험한 듯하다. 한국 항공사들은 오히려 승객들의 갑질 행위로 골머리를 앓고 있기 때문이다. 이러한 차이에 대해서는 9·11 테러 이후 미국 항공사가 승객에 대한 승무원의 강제력을 너무 키워주었기 때문이라는 분석도 있다. 승객의 안전과 보안이라는 명분 아래 항공사 직원들에게 부여된 지나치게 많은 권한이 이러한 결과를 초래했다는 것이다.

UA 사건에 개입한 공항 보안경찰 세 명은 휴직 조치되었으며, 사건이 발생한 일리노이 주에서는 비상상황, 심각한 소동, 위험에 빠지게 하는 행동을 제외하고는 승객을 강제 퇴거할 수 없도록 하는 '항공기 탑승객 보호법안(The Airline Passenger Protection Act)'을 발의했다. 한편, 트럼프 대통령은 UA 사건과 같은 불미스러운 일이 재발되지 않도록 좌석을 양보하는 승객들에 대한 보상

||||| 공

한도를 없애는 방안을 항공사들이 검토하라고 권고했다.

긍정적 고정관념을 위한 노력

UA 사건이 우리에게 주는 또 다른 중요한 시사점이 있다. 효과적인 위기 대응을 위해서는 위기 발생 이전에 고객들이 해당 기업에 긍정적 고정관념을 가질 수 있도록 꾸준한 브랜드 관리를 해야 한다는 점이다. UA 사건을 둘러싼 부정적 여론이 빠르게 확산되었던 주요 원인들 중 하나는, 과거에 저지른 잘못된 행동들로 인해 고객들이 UA에 대해 갖게 된 부정적인 고정관념이었다. 예를 들어 뇌성마비 장애인인 한 흑인 남성 승객은 비행기가 착륙한 후 승무원에게 휠체어를 가져다 달라고 요청했으나, 30분 동안 기다리라는 말만 들을 뿐 그 어떤 응대도 받지 못했다. 그 승객은 결국 참지 못하고 비행기의 바닥을 기어서 빠져나갔는데, 승무원들은 이를 지켜볼 뿐 어떠한 대응도 하지 않아 비난이 일었던 적이 있다. 또한 오버부킹 문제가 발생하지 정상가격에 표를 사고 공항에 일찍 도착한 중국인 유학생에게는 자리를 배정해 주지 않고 늦게 온 백인의 자리를 우선 배정해 중국인들의 공분을 사기도 했다.

이 같은 일련의 일들로 인해 UA는 유독 흑인, 동양인 등 소수 민족에게 차별적 성향을 가진 기업이라는 부정적 평판이 강했고, 이번에 다오 박사가 강제 퇴거 대상으로 선정되어 거칠게 다뤄진 것도 이와 무관하지 않다는 의심을 받고 있다. CEO인 무노즈가 백인이 아닌 멕시코계 히스패닉이라는 사실을 감안할 때, 이러한 UA의 기업문화는 참으로 아이러니해 보인다.

결국은 주가 하락

UA의 이미지를 바닥으로 떨어뜨린 것은 비단 인종차별적인 행태만이 아니다. 애견가인 어느 승객은 디트로이트에서 포틀랜드로 향하면서 애완견을 화물칸에 맡겼는데, 불행히도 경유지인 시카고에서 비행기의 이륙이 20시간 이상 지연되었다. 이에 개가 걱정된 승객은 승무원을 찾아 애완견에게 물과 음식을 제공해줄 것을 부탁했지만 승무원은 이를 거절했다고 한다. 결국 목적지에 도착했을 때 애완견은 사망한 상태였고 승객은 UA의 서비스에 격분했다.

한국과 관련된 사건도 있었다. 2013년 핼러윈 데이 때 UA 승무원 세 명이 찢어진 유니폼에 'Ho Lee Fu○○'과 같은 가짜 이름

표를 달고 피투성이 분장을 한 일이 있다. 같은 해 샌프란시스코에서 아시아나 항공 소속 비행기의 사고가 있었는데, 그 사고기의 조종사들을 조롱한 것이었다.

물론 이러한 UA의 만행이 그동안 순조롭게만(?) 진행되어온 것은 아니다. 2008년 5월 캐나다 출신의 무명가수 데이브 캐롤은 멤버들과 함께 UA의 비행기를 타고 공연장으로 이동하던 중 3,500달러를 주고 산 새 기타가 운반직원들의 부주의로 박살나는 일을 겪었다. 이후 수차례의 변상 요구가 거절당하자, 캐롤은 "유나이티드 항공이 기타를 부수네(United Breaks Guitar)"라는 제목의 노래를 만들었고 뮤직비디오를 제작해 유튜브에 공개했다. 그동안 UA에 대해 쌓여왔던 고객들의 불만이 이 노래와 함께 폭발하면서 노래는 상당한 인기를 끌었고, 그로 인해 UA의 주가가 10%(1억 8,000만 달러)나 하락했다. 그제야 UA는 사태의 심각성을 인식하고 보상을 해주겠다는 제안을 했으나, 이번에는 캐롤이 거절했다. 캐롤은 4년 후인 2012년, 노래와 같은 제목의 책을 펴내면서 소셜미디어의 파워를 온 세상에 과시했다. 이미 이 사건을 통해 UA는 적절한 위기 대응을 하지 않으면 더 큰 위기가 찾아온다는 사실을 경험했음에도 똑같은 실수를 되풀이한 것이다.

중요한 것은 진실한 마음

어쩌면 어떤 위기관리 전략보다 더 강력한 것은 진실한 마음(sincerity)일지도 모른다. 만일 어느 과일 주스 프랜차이즈가 용량을 속여 팔다 적발된 후 사과의 의미로 사과주스를 할인해서 팔겠다는 식의 커뮤니케이션을 했다면, 이는 오히려 소비자의 분노를 부추길 수 있다. 이와 대조적으로 국내의 어느 항공사가 보여준 훈훈한 위기대응 스토리는 사과의 진정성이 얼마나 큰 힘을 가지는지 잘 보여준다.

제주에서 김포로 가는 항공기가 1시간 이상 지연되었다. 당연히 탑승한 승객들 사이에서 불만이 터져 나왔다. 이때 기장은 기내방송을 통해 승객을 한 명이라도 더 태우려고 한 자신에게 항공기 지연의 100% 잘못이 있다고 솔직하게 말한 후, 자신의 잘못으로 인해 죄송하다고 외치는 승무원들을 좀 예쁘게 봐주셨으면 고맙겠다고 부탁했다. 또한 허용된 최대속도로 안전하게 모시겠다는 말을 덧붙였다. 그러자 여기저기서 승객들의 박수가 터져 나왔다고 한다. 소비자에게 사과의 진정성을 전달하기 위해서는 "유감이다(I am sorry)"가 아니라 "잘못했다(I was Wrong)"는 표현이 필요하다.[25] 물론 법적 시각으로 보면 반대의 의견이 있을 수 있다. 무죄추정의 원칙에 따라 잘못을 인정하지 않는 것이 법적으로는 유리한 행동일 수 있기 때문이다. 하지만 진정성 없는 사과는 장기적 관점에서 기업에 더 큰 불행을 가져올 수 있다. 브랜드 이미지가 추락하고, 충성 고객마저 발길을 돌리게 하며, 주가는 폭락한다. 커뮤니케이션 전문가들은 내가 잘한 일은 남의 입으로, 내가 잘못한 일은 내 입으로 이야기할 때 커뮤니케이션의 효과가 커진다고 말한다. 우리는 과거 경험들을 통해 이러한 사례를 수도 없이 봐왔다. 요컨대 브랜드 위기관리 커뮤니케이션이 성공하기 위해서는 CAT(사과의 콘텐츠, 태도, 타이밍)이 중요하다. 또한 사과의 콘텐츠에는 CAP(관심과 걱정, 해결방안, 재발 방지 대책)이 담겨야 한다. 하지만 더욱 중요한 것은 사과의 진실한 마음을 전달하는 것이다.

대학내일 20대 연구소에서 발표한 2018년 20대 주요 키워드들 중에는 싫존주의(싫음마저 + 존중하는 + 주의)와 화이트불편러(white + 불편 + er)가 포함되었다. 먼저 싫존주의는 자신의 호불호를 당당히 밝히고 이를 존중해달라는 요구이다. 예전에는 상대방에게 뭔가 까다롭게 군다는 인상을 남길까 봐 자신의 취향을 숨기기도 했다. 하지만 이제는 상대방에게 피해를 주지 않는 한 나쁜 취향이란 존재하지 않으며, 오히려 이를 부정적으로 보는 기존 편견에 맞서 내 취향을 인정받겠다는 당당함이 강조된다. 단순히 취향이 다르다는 이유로 차별받는 것은 공정하지 못하다는 판단이다. 한편, 화이트불편러는 20대들이 과거 세대와 달리 사소한 사회적 불의와 부도덕을 참지 못하고, 이를 해결하기 위해 소셜미디어 등을 통해 대중에게 도움을 요청하는 모습을 긍정적으로 표현한 말이다. 이러한 20대들이 앞으로 30대와 40대가 될 때 우리 사회의 '공정함'에 대한 관심은 더 커질 것으로 예측된다. 이들이 생각하는 '공정함'에 대한 준비가 부족한 기업은 반드시 언젠가 큰 위기를 경험할 것이며, 이를 슬기롭게 극복하지 못하면 시장에서 조용히 사라질지도 모른다.

||||| 공

변화를 꿈꾸는 페이스북

페이스북(이하 페북)의 CEO인 마크 저커버그는 2018년 1월 페북의 새해 목표는 고성장이 아닌 문제점 개선(Fix Facebook)이라고 분명히 밝혔다. 그동안 페북은 월간 이용자 수가 약 21억 3,000만 명이나 되는 가장 인기 있는 소셜미디어로 주목받았다.

하지만 페북의 인기만큼 사회적 비난의 목소리도 적지 않았다. 가짜뉴스의 발원지라는 비판도 있었고, 사용자들에게 불편함을 줄 수 있는 광고 콘텐츠를 지나치게 자주 노출해 수익성만을 추구한다는 지적도 있었다. 이에 저커버그는 페북의 문제점을 스스로 인정하고, 앞으로는 사용자들이 좀 더 의미 있는 관계를 가질 수 있는 다양한 연결들(예: 커뮤니티)을 주도할 것이며 긍정적인 사회 발전에 기여하기 위해 노력하겠다는 일종의 양심선언을 했다. 하지만 일반 사용자들과 달리 시장의 반응은 그다지 호의적이지 않았다. 지난 해 4분기 페북이 전문가들의 예상치를 훨씬 웃도는 최대 실적(전년 대비 47% 상승)을 거뒀음에도 불구하고, 새로운 목표를 밝힌 당일의 주가는 오히려 4% 정도 하락했다. 전문가들은 페북의 새로운 목표가 향후 기업 성과에 대한 불확실성을 증가시켰기 때문으로 분석했다.

그렇다면 페북은 잘못된 변화의 길을 선택한 것일까? 결론부터 말하자면 필자는 페북이 소셜미디어의 본질을 제대로 이해했고, 장기적 관점에서 앞으로 찾아올지 모를 위기를 선제적으로 잘 대처한 것으로 평가한다(비록 그 과도기에서 이루어질 알고리즘 변화에 대해 사용자들이 적지 않은 불만을 토로할지도 모르지만). 소셜미디어의 본질은 이 책에서 이야기한 바와 같이 소비자들이 '공감, 공유, 공명, 공생, 공정'이 유기적으로 결합할 수 있는 토양을 제공하고 끊임없이 물과 거름을 공급해주는 것이다. 특히 공감, 공유, 공명은 소셜미디어의 존재 이유에 해당된다. 즉, 이 세 가지 요소가 빠진 소셜미디어는 플랫폼으로서의 기능을 제대로 수행할 수 없다. 페북이 만약 지금과 같이 불필요하다고 생각되는 광고 콘텐츠(또는 가짜뉴스)를 지속적으로 노출시키면 소비자들은 공감하기 어렵다. 또한 활발한 공유를 통해 사회 문화적 집단 행동으로 발전할 수 없다. 소비자들은 조용히 자리를 떠날 것이고 이는 광고주의 이탈을 부추길 것이다.

생존을 위한 페북의 변화

최근 필자는 저커버그가 페북에서 사용자들이 보내는 시간이 하루 평균 5,000만 시간 감소한 것을 자랑(?)했다는 기사를 보았다.[1] 이는 소비자들로 하여금 좀 더 의미 있는 양질의 콘텐츠를 이용하도록 하려는 페북의 전략이 제대로 된 길을 가고 있다고 판단했기 때문이다.

하지만 이것만으로는 충분하지 않다. 페북은 자신과 사용자 또는 사용자와 다른 사용자 간 공정과 공생의 가치를 좀 더 적극적으로 존중해줄 필요가 있다. 이미 '스팀잇(Steemit)'과 같은 새로운 소셜미디어들이 이러한 페북의 약점을 파고들고 있다. 블록체인 기반의 소셜미디어인 스팀잇은 중재자가 없는 콘텐츠 유통의 투명성과 암호화폐를 통한 공정한 수익배분을 무기로 주목받고 있다.[2] 크리에이터가 스팀잇에 콘텐츠를 포스팅하면 방문자들은 페북의 '좋아요'에 해당되는 '업보팅(upvoting)'을 하고 암호화폐 스팀을 통해 참여자들은 수익을 배분(글 올린 자: 75%, 글 추천자: 25%)받는다.[3] 또한 가상화폐 거래소에서 스팀을 시세에 따라 현금화할 수 있다. 스팀잇의 창업자인 네드 스캇(Ned Scott)은 다음과 같은 공감할 수 있는 why를 제시한다.

"저자와 제3자에게 광고 없이 콘텐츠 그 자체로 수익을 창출할 수 있도록 하고 싶었다. 좋은 사람들을 플랫폼으로 끌어들이고 긍정적인 온라인 커뮤니티를 구축하는 것이 목표이다. 우리는 참여자에게 특정 활동을 하라, 하지 마라 말할 권한이 없다. 우리가 한 일은 단지 그들이 살아가는 생태계를 만들어준 것뿐이다."

스팀잇에 대한 소비자들의 열광적인 반응은 그동안 페북과 같은 기존 소셜미디어들이 모든 참여자들과 함께 더 나은 삶을 살아갈 수 있는 공정한 플랫폼이 아니었다는 불만에서 시작되었는지도 모른다(다만 최근에는 스팀잇에서 일부 참여자들만 지나치게 영향력을 발휘한다는 불공정 이슈가 제기되어 이에 대한 비판도 적지 않다). 따라서 페북의 새로운 변화는 잘잘못을 따질 수 없는, 생존을 위한 어쩔 수 없는 선택이었다고 볼 수 있을 것이다.

이 책의 탄생에 감사하며

이 책을 통해 필자가 제시한 소셜미디어 시대를 지배하는 다섯 가지 핵심코드들은 어느 날 갑자기 생겨난 것들이 아니다. 오랜 시간, 아니 어쩌면 인간이 세상에 존재하던 시점부터 마음속에 내재되어 있던 사회적 욕구와 가치였는지도 모른다. 이들은 소셜미디어라는 놀랄 만한 플랫폼과 만나면서 한순간에 수면 위로 등장했고, 우리 사회를 지배하는 보이지 않는 힘이 되어가고 있다. 사실 지금 여러분이 읽고 있는 이 책도 소셜미디어가 없었더라면 탄생하지 못했을 산물이다. 이 책에서 언급된 수많은 콘텐츠들은 필자의 페북(www.facebook.com/jihernkim) 친구들이 창작 또는 큐레이션 해 준 자료들을 기반으로 작성되었다. 이 글을 쓰는 지금 이 순간에도 그들은 자신이 공감한 콘텐츠를 공유하고, 누군가의 행동에 변화를 줄 수 있는 공명의 씨앗을 만들어가고 있다.

이 책은 항상 그들에게 무언가를 받고만 지냈던 필자가 이제 뭔가를 되돌려주고 싶다는 (공정과 공생을 위한) 작은 바람에서 시작되었다. 이러한 작은 노력이 필자의 친구들과 일반 독자들에게 잘 전달되었기를 바란다. 마지막으로 이 책의 원고에 깊은 공감을 표현해주고, 더 나은 콘텐츠로 세상 사람들과 공유할 수 있게 도움을 주신 중앙북스의 조한별, 박준규 에디터에게 진심어린 감사의 마음을 전한다.

주|석

프롤로그: 와퍼 하나에 팔린 당신

1) 소셜미디어 관련 통계자료는 'wearesocial(www.wearesocial.net)'에서 발간한 스페셜 리포트 "Digital in 2017: Global Overview"를 참조하였음.

2) 이유현, "보도블록, 2년 전 달력 … '쓸모없는 선물' 교환하는 젊은 세대", 〈매일경제〉, 2018.1.3.

CODE 1. 공감 : 머리로 이해하고 가슴으로 다가가다

1) 홍성욱·장대익, 『뇌과학, 경계를 넘다: 신경윤리와 신경인문학의 새 지평』, 바다출판사, 2012.

2) 데이비드 색스, 『아날로그의 반격: 디지털, 그 바깥의 세계를 발견하다』, 박상현·이승연 옮김, 어크로스, 2017.

3) 구글에 'empathy toy'를 검색하면 이 장난감을 개발한 업체(Twenty One Toys)가 포스팅한 다양한 참가자들의 게임 영상을 볼 수 있다.

4) Hattula, J. D., Herzog, W., Dahl, D. W., and Reinecke, Sven, "Managerial Empathy Facilitates Egocentric Prediction of Consumer Preferences," *Journal of Marketing Research*, vol.52, no.2, pp.235~252, 2015.

5) 송혜민, "[송혜민의 월드why] 눈물도 돈이 되는 이 각박한 세상", 〈나우뉴스〉, 2016.4.20.

6) Parmar, Belinda, "The Most (and Least) Empathetic Companies, 2016," *Harvard Business Review*, 2016.

7) 강양구, "[강양구의 지식 블랙박스] 기적의 '삥삥이'는 왜 흉물이 됐나", 〈주간동아〉, 2017.5.21.

8) "One Water Facebook sign at Latitude" by Howard Lake, https://www.flickr.com/photos/howardlake/4811683620/in/photolist-XLwyD-8kc8Uq, CC BY-SA 2.0.

9) 배소진, "10kg! 무거워서 좋다며 2만 4천 명 줄 선 답요", 〈TTIMES〉, 2017.7.20.

10) 해석수준이론에 따르면 소비자는 심리적 거리(psychological distance)가 가까

276

운 경우에는 구체적인(concrete, contextualized) 해석을, 먼 경우에는 추상적인 (abstract, generalized) 해석을 하는 경향이 있다. 예를 들어, '문을 잠그다'의 구체적인 해석은 '자물쇠에 열쇠를 넣다'이며, 추상적인 해석은 '집을 안전하게 하다'이다. 이때, 심리적 거리는 시간적·공간적·사회적 거리로 구분되며 크라우드 펀딩으로 판매하는 중력담요의 경우 출시 때까지 다소 시간이 소요될 가능성이 있어 시간적 거리가 먼 경우라 할 수 있다.

11) 김지헌·서대웅, 「본질만 남기고 다 빼라: 로우로우의 브랜드 마케팅 사례」, 〈아산기업가정신리뷰〉, 2017.

12) 박태연, "날 것, 날다 이의현 로우로우 대표", 〈디아이투데이〉, 2015. 9.7.

13) Langer, E., Blank, A., and Chanowitz, B., "The mindlessness of ostensibly thoughtful action: the role of 'placebic' information in interpersonal interaction", *Journal of Personality and Social Psychology*, vol.36, no.6, pp.635~642, 1978.

14) 저자들은 플라시보(placebo)와 같은 가짜 기능을 수행하는 정보라는 의미에서 "placebic information"이라는 표현을 사용했다.

15) 윤세미, "일본 호텔의 이색마케팅: 탈모인에 할인", 〈아주경제〉, 2016.10.31.

16) 출처: https://www.youtube.com/watch?v=6zoCDyQSH0o

17) 출처: http://blog.naver.com/hoki86tommy/220908219741

18) 로버트 치알디니·노아 골드스타인·스티브 마틴, 『설득의 심리학 2: Yes를 끌어내는 설득의 50가지 비밀』, 윤미나 옮김, 21세기북스, 2015.

19) *L FOOD HOUSE* 2017년 11월호(vol.54)에 필자가 투고한 칼럼 「공감 전략의 한계와 보완책」의 내용을 정리하였음. 원문 출처: Hattula, J. D., Herzog, W., Dahl, D. W., and Reinecke, S., "Managerial Empathy Facilitates Egocentric Prediction of Consumer Preferences," *Journal of Marketing Research*, 2015.

20) 배소진, "신입사원들이 임원들 가르쳐 다시 살아난 구찌", 〈TTIMES〉, 2017.12.4.

21) 데이비드 슈워츠, 『크게 생각할수록 크게 이룬다』, 서민수 옮김, 나라, 2009.

CODE 2. 공유 : 마케팅에 참여하는 소비자

1) Charlene Li and Josh Bernoff, *Groundswell: Winning in a World Transformed by Social Technologies*, Harvard Business Press(Boston), 2008.

2) John, L., Mochon, D., Emrich, O., and Schwartz, J., "What's the value of a Like?", *Harvard Business Review*, 2017.

3) 저자들은 팔로워를 늘리는 것이 전혀 의미가 없는 행위는 아니라고 설명한다. 팔로워에 집중된 타깃 유료 광고를 하는 경우, 마케팅 효과가 증대될 수 있다고 이야기한다. 또한 제품에 대한 피드백을 받는 소통의 채널로 활용할 수 있다는 장점도 있

다. 기존에 소셜미디어 마케팅은 풀마케팅(Pull Marketing)에 적합하다는 논리가 지배적이었으나, 사실은 풀마케팅과 푸시마케팅(Push Marketing)이 병행되지 않으면 성공하기 쉽지 않다고 이야기한다.

4) 10가지 동기들이(의견 구하기, 열정 공유, 사교활동, 사회적 실용성, 쿨헌터, 권위, 시대정신, 대화의 시작, 자기표현, 사회적 선) 소개되었지만, 필자는 2개 항목(타인과의 관계, 자아표현)으로 묶어서 정리했다.

5) 출처: Proofperfect.com.sg, "How Taylor Swift has mastered the art of teaser marketing," 2014.8.24.

6) 안하늘, "TV 소리 착각해 온라인 쇼핑한 인공지능(AI) 스피커", 〈아시아경제〉, 2017.1.10.

7) "Amazon Echo" by Frmorrison, https://commons.wikimedia.org/w/index.php?curid=47040540, CC BY-SA 3.0.

8) 사진과 동영상 등 이미지 콘텐츠에 최적화된 소셜미디어인 인스타그램에 공유할 만한 가치를 지녔다는 의미이다.

9) KIM SIHWA, "먹기만 하면 허전하다, 이터테인먼트의 시대", 〈타임아웃코리아〉, 2017.1.9.

10) 원태영, "놀이를 마케팅에 활용 ⋯ 게이미피케이션 각광", 〈시사저널〉, 2016.3.4.

11) 김현유, "핵불닭볶음면이 새로운 한류를 일으키는 중이다", 〈허핑턴포스트코리아〉, 2017.9.2.

12) 김근배, 『끌리는 컨셉의 법칙: 세계적 히트상품 속 정교한 컨셉의 비밀 17』, 중앙북스, 2014.

13) Tamir, D. and Mitchell, J., "Disclosing information about the self is intrinsically rewarding," PNAS, 2012.

14) 강서정, "에릭남, SNS 불만토로부터 소속사와 오해풀기까지", 〈OSEN〉, 2017.2.17.

15) Lopiano, G. and Watson, M., "소셜미디어에 올린 게시물 때문에 직원을 해고해야 할까?", Harvard Business Review, 2016. 이 연구는 결론이 아닌 찬반 의견을 가진 전문가 집단의 주장과 그에 대한 논리적 근거를 제시했다.

16) Tessa Wgert, "How social media is reviving the teaser campaign", 2014.10.16.

17) 김희경, "[김희경 기자의 컬처 insight] 당신의 잠도 훔치겠다 ⋯ 시간약탈자의 등장", 〈한국경제〉, 2017.10.20.

18) 장학만, "감동, 행복, 유익 ⋯ 자사 미디어로 소통, 교감의 창 넓히다", 〈한국일보〉, 2014.9.22.

19) 홍창기, "삼성생명이 전하는 '참가족' 700만 네티즌, 뭉클한 감동", 〈파이낸셜뉴스〉, 2014.12.25.

20) 문용필, "있어빌리티와 마케팅PR이 만날 때", 〈더피알〉, 2016.4.11.

21) 이재원, "스크린 샷 하나로 3,000억원 매출 올린 쇼핑앱", 〈TTIMES〉, 2017.12.27.

22) 슐로모 베나치 · 조나 레러, 『온라인 소비자 무엇을 사고 무엇을 사지 않는가』, 이상원 옮김, 갈매나무, 2016.

23) 마이클 바스카, 『과감히 덜어내는 힘, 큐레이션』, 최윤영 옮김, 예문아카이브, 2016.

24) 박명기, "15억 조회 스마트스터디 '핑크퐁', 말레이시아 상륙", 〈한경닷컴〉, 2017.12.11.

25) 최선재, "'뚜루룻뚜루' 전세계 강타한 '상어가족' 인기비결 탐구 완결편", 〈일요신문〉, 2017.10.13.

26) 유튜브에서 5,000만 회 이상 조회수를 기록한 "냥켓(Nyan Cat)"도 '상어가족'과 유사한 인터넷 밈(interment meme) 사례라 할 수 있다.

CODE 3. 공명 : 중요한 건 울림이 있는 메시지다

1) KBS 1 라디오 "성공예감 김원장입니다"의 2018년 2월 12일 자 방송, 'MCN사무국장 유진희 편'의 방송 내용 중.

2) 2017년 10월 말 기준, 구독자 기준으로 한국 10대 유튜브 채널에는 대부분 음악 관련 채널 또는 장난감 채널이 포함되었다. 1위는 SMTOWN으로 연예기획사 SM에 소속된 엔터테이너들(예: 소녀시대, 슈퍼주니어, 샤이니 등)에 관한 콘텐츠로 운영되며 구독자 수는 1,100만 명이 넘는다. 2위는 officialpsy로 '강남스타일' 노래로 인기를 끈 싸이의 페이지(약 1,000만 명), 3위는 ToyPudding이라는 음성 없이 장난감을 가지고 노는 모습을 보여주는 페이지(약 960만 명)였다. 그 뒤를 BIGBANG(가수 빅뱅), 1theK(K-POP 관련 콘텐츠) 등이 잇고 있다.

3) "'그날'의 불쾌감 생생 ⋯ 극찬 받고 있는 해외 생리대 광고", 〈온라인 중앙일보〉, 2017.6.14.

4) 태원준, "'생리컵' 첫 시판 허가 ⋯ '깔창 생리대 · 유해생리대' 대안될까", 〈국민일보〉, 2017.12.7.

5) "Monthly Cup Size 1" by Errikaboo, https://commons.wikimedia.org/wiki/File:Monthly_Cup_Size_1.jpg, CC BY-SA 4.0.

6) 김소연, "G마켓 '택배기사님, 택배왔어요.' 영상 화제", 〈아시아경제〉, 2014.8.28.

7) 이안나, "[뉴투분석] 택배기사 노조설립, '뜨거운 감자'로 부상", 〈뉴스투데이〉, 2017.10.23.

8) 김현주, "'택배기사님 택배왔어요.' 시즌2 나왔다!", 〈세계일보〉, 2015.9.24.

9) Holt, Douglas, "Branding in the Age of Social Media," *Harvard Business Review*, 2016.

10) 김범수, 「[더미의 혁신이야기] 네스카페의 5가지 생각의 혁신 도구를 활용한 색다른 캠페인 4종 세트 – Hello Bench(헬로벤치)」, 김범수의 ICT 연구소(https://blog.naver.com/baemsu/221053825774), 2017.7.18.

11) Omar, R. V. and Sundar B., "Competing on Social Purpose," *Harvard Business Review*, 2017.

12) 허영은 에디터, "REAL BEAUTY CAMPAIGN, 우리 모두는 아름답다", 〈디자인정글 매거진〉, 2017.5.18.

13) 이은, "'늙는 게 어때서…' 화장품서 사라지는 '안티에이징'", 〈머니투데이〉, 2017.11.9.

14) 안선혜, "광고로 욕먹은 도브, 이슈관리 행보 '눈길'", 〈THE PR NEWS〉, 2017.10.11.

15) 민경갑, "[사회야 놀자] CSR 만만히 보다 큰 코 다친다: 스타벅스 '기회주의' 비난 받고, 생명의 다리 '자살명소' 오명", 〈이코노믹리뷰〉, 2016.7.21.

16) 문수경, "스타벅스 로고 약간 바꾸면 1년 400억 절감?", 〈CBS 노컷뉴스〉, 2017.12.1.

17) Kevin Lane Keller, *Strategic Brand Management: Building, Measuring, and Managing Brand Equity*(4th edition), Pearson, 2013.

18) 「배민팬클럽 배짱이 '한삽 프로젝트'」, 배달의 민족 네이버 블로그(http://blog.baemin.com/220910423476), 2017.1.13.

CODE 4. 공생 : 정글같은 시장에서 더불어 살기

1) 상리공생의 준말이 상생(相生)이라고 오해해서는 안 된다. 상생은 오행(五行)에서 '관계의 선순환 구조'가 형성될 때를 가리키는 말로 단순히 상호 간 돕고 사는 관계를 의미하는 상리공생과 구분된다. 즉, 나무와 불, 불과 흙, 흙과 쇠, 쇠와 물, 물과 나무와 같이 관계가 지속적으로 선순환 될 수 있는 시스템이 마련되는 것을 상생이라 표현한다.(참조: 이하형, "[여론광장] 상생의 선순환 원년이 되길 바라며", 〈중도일보〉, 2015.1.7.)

2) 배소진, "중국 이커머스 2인자가 시골에 병아리를 나눠주는 이유", 〈TTIMES〉, 2017.11.30.

3) "JD.com" by Daniel Cukier, https://www.flickr.com/photos/danicuki/30811915776/in/album-72157672304656543/, CC BY-ND 2.0.

4) 이해진, "농부들은 종이회사 더블에이 덕분에 14배를 더 벌었다", 〈TTIMES〉, 2017.12.27.

5) Kramer, M. and Pfitzer, M., "The ecosystem of shared value," *Harvard Business Review*, 2016.

6) Kevin Lane Keller, *Strategic Brand Management: Building, Measuring, and Managing Brand Equity*(4th edition), Pearson, 2013.

7) 합작, 협업 등을 의미하는 컬래버레이션(collaboration)의 줄임말.

8) 이주희, "[2017 대한민국 No.1] CU-롯데제과 협업 상품 '거꾸로 수박바', '계절 모른다'", 〈에너지경제〉, 2017.12.17.

9) 김지헌·서대웅, 「본질만 남기고 다 빼라: 로우로우의 브랜드 마케팅 사례」, 〈아산기업가정신리뷰〉, 2017.

10) "[PRNewswire] 도리토스, 크래시더슈퍼볼 50 위한 크런치 스낵 광고 응모작 초청", 〈연합뉴스〉, 2015.9.10.

11) 박태연, "날 것, 날다 이의현 로우로우 대표", 〈디아이투데이〉, 2015.9.7.

12) 이광표, "버거킹 '아침은 왕처럼' 칸 국제광고제서 은상 수상", 〈EBN〉, 2015.6.26.

13) 윤지혜, "[르포] 겉도는 당진 어시장, 이마트의 '상생' 실험" 〈아이뉴스24뉴스〉, 2017.6.20.

14) 이성호, "CJ대한통운 실버택배, 누적 배송량 2000만 상자 돌파" 〈CNBNEWS〉, 2017.12.12.

15) 결과적으로 각종 수상을 통해 CJ대한통운의 기업 이미지가 좋아졌다는 측면에서 보면, 상리공생의 사례로도 볼 수 있을 듯하다. 또한 야라의 사례처럼 여러 기관이 힘을 모아 공유 생태계를 구축한 사례로 볼 수도 있다.

16) 황승환, "버거킹, 구글 어시스턴트를 교묘하게 사용한 TV광고에 비난 폭주", 〈THE GEAR〉, 2017.4.13.

17) 김성원, "매일유업 특수분유로 희귀질환 환아와 가족에게 희망을 주다", 〈파이낸셜뉴스〉, 2017.12.18.

18) 장기영, "[언중언] 기부(寄附)", 〈강원일보〉, 2008.12.16.

19) "Wong Lo Kat Herbal Tea 310mL" by Dezzawong, https://commons.wikimedia.org/w/index.php?curid=8009292, CC BY-SA 3.0.

20) 뉴스미디어부01, "동국제강, 두정물산 … 잇따른 금수저 갑질 속 '진정한 갑질' 동양피스톤에 '찬사' 이어져", 〈매일신문〉, 2016.12.27.

21) 김현재, "[아마존 르포] 공짜 바나나를 무한 공급하는 회사", 〈연합뉴스〉, 2017.8.13.

22) 윤혜경, "신세계 백화점 빈폴 매장서 벌어진 '동전 월급' 갑질", 〈투데이뉴스〉, 2017.9.1.

23) 서금영, "도전과 응전의 역사, 공생(共生)!", KISTI의 과학향기 칼럼, 2006.9.25. "Myrmelachista schumanni casent0905165 p 1 high" by Zach Lieberman, http://www.antwiki.org/wiki/File:Myrmelachista_schumanni_casent0905165_p_1_high.

jpg, CC BY-SA 3.0.

24) "Myrmelachista schumanni casent0905165 p 1 high" by Zach Lieberman, http://www.antwiki.org/wiki/File:Myrmelachista_schumanni_casent0905165_p_1_high.jpg, CC BY-SA 3.0.

CODE 5. 공정 : 투명함과 공평함, 새로운 성공의 요건이 되다

1) 안광호·곽준식,『행동경제학 관점에서 본 소비자 의사결정』, 학현사, 2011.

2) 제안이 공정하지 못하더라도 이를 거절하지 않는 몇 가지 예외 상황이 있기는 하다. 첫째, 한 명의 제안자와 여러 명의 경쟁하는 피제안자가 있어 제안을 수락하는 자만 돈을 받을 수 있는 경우. 둘째, 제안자가 피제안자에 비해 뛰어난 능력이 있는 경우(예: 퀴즈 풀기로 제안자와 피제안자를 나눈 경우). 셋째, 피제안자가 인간이 아닌 컴퓨터인 경우(불공정에 대한 판단이 불가해 제안을 수락함).

3) Stefan Michel, "Capture more value," Harvard Business Review, 2014.

4) 박현영, "[인사이트] 가죽, 장식 133달러, 원가 공개했더니 … 졸리도 이 가방 든다", 〈중앙일보〉, 2017.4.13.

5) 박지환, "[이코노미조선] 백화점 입점 거절하고도 '연매출 600억' … 칸투칸 성공 비결은", 〈조선비즈〉, 2017.9.18.

6) 정유진, "60계치킨, 국내산 신선육으로 정직하게 조리하는 안전한 치킨 브랜드" 〈머니투데이〉, 2017.10.25.

7) 노승욱,『프랜차이즈 트렌드 2017』, 매일경제신문사, 2017.

8) Parent, Plangger, and Bal, "The new WTP: Willingness To Participate," Business Horizon, 2011.

9) 이승윤,『한 권으로 끝내는 디지털·소셜미디어 마케팅』, 시그마프레스, 2015.

10) "134회: [혁명] 흑인 민권과 버스 안 타기 운동", 지대넓얕: 지적 대화를 위한 넓고 얕은 지식, 팟캐스트, 2017.2.19.

11) Ray Fisman and Michael Luca, "Fixing discrimination in online marketplaces" Harvard Business Review, 2016.

12) "[헤럴드 생생뉴스] 뚱보는 입지 마, 아베크롬비 외모, 인종차별에 불매운동 확산", 〈헤럴드경제〉, 2013.5.21.

13) Min, Dongwon and Ji-Hern Kim, "Is Power Powerful? Power, Confidence, and Goal Pursuit," International Journal of Research in Marketing, vol.30, no.3, pp.265~275, 2013.

14) Carney, Dana R., Amy J.C. Cuddy, and Andy J. Yap, "Power Posing: Brief Nonverbal Displays Affect Neuroendocrine Levels and Risk Tolerance," Psychological Science,

vol.23, no.10, pp.1363~1368, 2010.

15) 민동원, 「모니터 각도가 정보처리에 미치는 영향: 체화된 인지와 심리적 파워의 관점에서」, 〈상품학연구〉, 31권 5호, 61~72쪽, 2013.

16) 정지용, "'진상 고객은 내쫓겠다' 당당한 식당 안내문 확산", 〈국민일보〉, 2017.10. 26.

17) Benjamin Edelman, Michael Luca and Dan Svirsky, "Racial discrimination in the sharing economy: evidence from a field experiment," *American Economic Journal: Applied Economics*, 2017.

18) Ray Fisman and Michael Luca, "Fixing discrimination in online marketplaces," *Harvard Business Review*, 2016.

19) Zwebner, Y., Sellier, A., Rosenfeld, N., Goldenberg, J. and Mayo, R., "We look like our names: The manifestation of Name Stereotypes in facial appearance," *Journal of Personality and Social Psychology*, 2017. 이와 함께 같은 저자들이 해당 논문을 정리해 HBR(2017)에 기고한 "We look like our names"의 내용을 참조하였음.

20) Garner, R., "What's in a Name? Persuasion Perhaps," *Journal of Consumer Psychology*, 2005.

21) 김수진, "시각장애 졸업생을 위한 만지는 졸업앨범", 〈연합뉴스〉, 2015.3.17.

22) 안선혜, "똑같지 않아도 괜찮아: 편견탈피! 사회적 메시지 소비자를 움직이다", 〈더 피알〉, 2016.3.21.

23) 〈L FOOD HOUSE〉 2017년 5월 호(vol.48)에 투고한 필자의 글 「진심이 기업을 구한다! 유나이티드 항공사건으로 본 위기관리의 지혜」 내용을 정리했음.

24) "Shuttle America Embraer 170" by redlegsfan21, https://commons.wikimedia.org/w/index.php?curid=24451151, CC BY-SA 2.0.

25) 김호, 「사과는 '사과문'과 다르다. 위기에 대응하는 자세부터 바꿔라」, 〈Harvard Business Review Korea〉, 2015.

에필로그 : 변화를 꿈꾸는 페이스북

1) 구유나, "저커버그 페이스북 이용시간 5% 줄었다 자랑?", 〈머니투데이〉, 2018.2.1.

2) 님궁민, "작가가 말하는 스팀잇은 … 중개자 없는 플랫폼, 투명성이 장점", 〈머니투데이〉, 2018.2.2.

3) 배소진, "이제 누구나 글 써서 먹고 살 수 있다", 〈TTIMES〉, 2018.1.30.

당신은
햄버거 하나에
팔렸습니다

소셜미디어 시대의 소비자를 이해하는 다섯 가지 핵심코드

초판 1쇄 2018년 7월 13일
　　3쇄 2018년 10월 25일

지은이 | 김지헌

발행인 | 이상언
제작총괄 | 이정아
편집장 | 조한별
책임편집 | 박준규

디자인 | Design co*kkiri

발행처 | 중앙일보플러스(주)
주소 | (04517) 서울시 중구 통일로 86 4층
등록 | 2008년 1월 25일 제2014-000178호
판매 | 1588-0950
제작 | (02) 6416-3925
홈페이지 | www.joongangbooks.co.kr
네이버 포스트 | post.naver.com/joongangbooks

ⓒ 김지헌, 2018

ISBN 978-89-278-0950-0 03320